la crucifixión

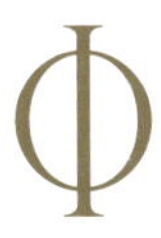

y así llegaron al sitio llamado gólgota, que quiere decir «lugar de la calavera». allí le dieron a beber vino mezclado con hiel; pero él, después de probarlo, no lo quiso beber. una vez que lo hubieron crucificado, se repartieron sus vestidos, echándolos a suertes, y con esto se cumplió la profecía que dice: «repartieron entre sí mis vestidos y sortearon mi túnica». y se sentaron junto a él para hacer la guardia. habían fijado sobre su cabeza un letrero que indicaba el motivo de la condena: «éste es jesús nazareno, el rey de los judíos». y con él crucificaron a dos ladrones, uno a su derecha y otro a su izquierda.

los que pasaban por allí le insultaban, haciendo burla con movimientos de cabeza y diciendo: «tú que destruyes el templo y lo reedificas en tres días, sálvate ahora a ti mismo. si eres hijo de dios, baja de la cruz». e igualmente los sumos sacerdotes, con los escribas y los notables del pueblo decían en son de burla: «a otros ha salvado y a sí mismo no puede salvarse. si es el rey de israel, que baje ahora de la cruz y creeremos en él. ha puesto su confianza en dios, que lo libre él ahora, si de veras lo ama, ya que nos ha dicho: yo soy el hijo de dios». hasta los ladrones que estaban crucificados con él le echaban en cara los mismos insultos.

desde el mediodía hasta las tres de la tarde toda la tierra quedó cubierta de tinieblas. hacia eso de las tres, jesús exclamó con un grito muy fuerte: «¡elí, elí, lema sabajtaní!», que quiere decir: «dios mío, dios mío, ¿por qué me has desamparado?» algunos de los presentes, al oír estas palabras, dijeron: «está llamando a elías». y enseguida fue corriendo uno de ellos a tomar una esponja, la empapó en vinagre y, poniéndola en la punta de una caña, se la dio a chupar. los demás decían: «deja, a ver si viene elías a salvarlo». jesús, dando de nuevo un grito muy fuerte, expiró.

mateo 27: 33–50

no se representó a cristo crucificado antes
del siglo v. la vergüenza de la crucifixión,
un castigo reservado para los esclavos y
los criminales comunes, quizá llevó a los
primeros cristianos a obviar este elemento
de la historia. aquí, en la primera
representación que se conserva, cristo
aparece con los ojos abiertos y vivo, en
contraste con la figura muerta de judas, que
cuelga de un árbol a su derecha. Se subraya
así el triunfo de jesús sobre la muerte.

relieve en marfil
h. 420–430
museo británico, londres

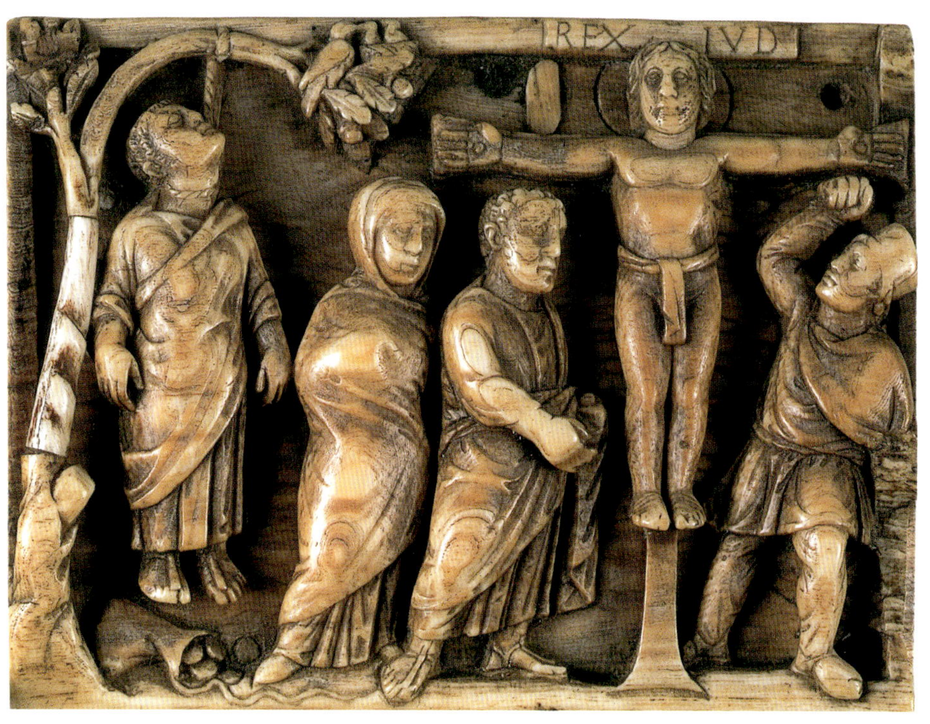

REX   IVD

estamos ante una de las primeras imágenes
que incluye las figuras de los dos ladrones
crucificados a los lados de cristo.
mencionados en los cuatro evangelios, san
lucas añade que uno de los dos le dijo al
otro que ellos merecían su castigo, mientras
que cristo era inocente. jesús le contestó:
«hoy estarás conmigo en el paraíso».

cuarterón de una puerta
siglo vi
santa sabina, roma

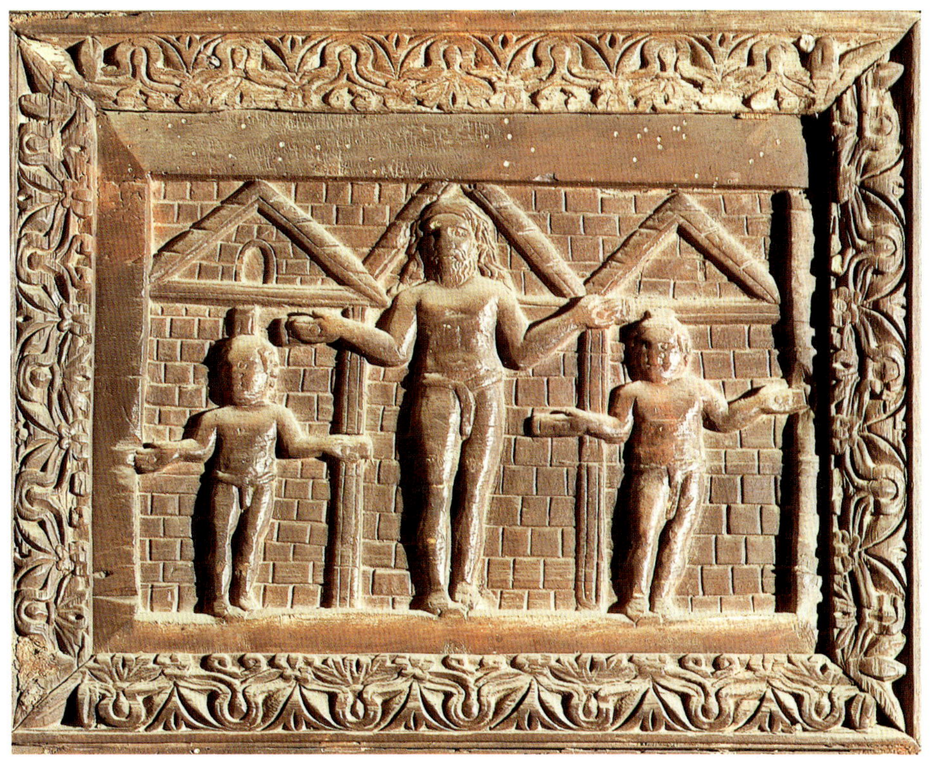

se trata de una de las primeras obras sobre
el tema de la crucifixión realizadas en
oriente. pertenece a un manuscrito
iluminado pintado en 586 por el monje
rabbula en mesopotamia. por primera vez
se muestra a cristo herido con la lanza en el
lado derecho, como relata san juan (19: 34),
una tradición que dominó la iconografía de
la crucifixión. el soldado que hiere a jesús
es loginos (en occidente, longinus).

rabbula
manuscrito iluminado
586
biblioteca medicea-laurenziana, florencia

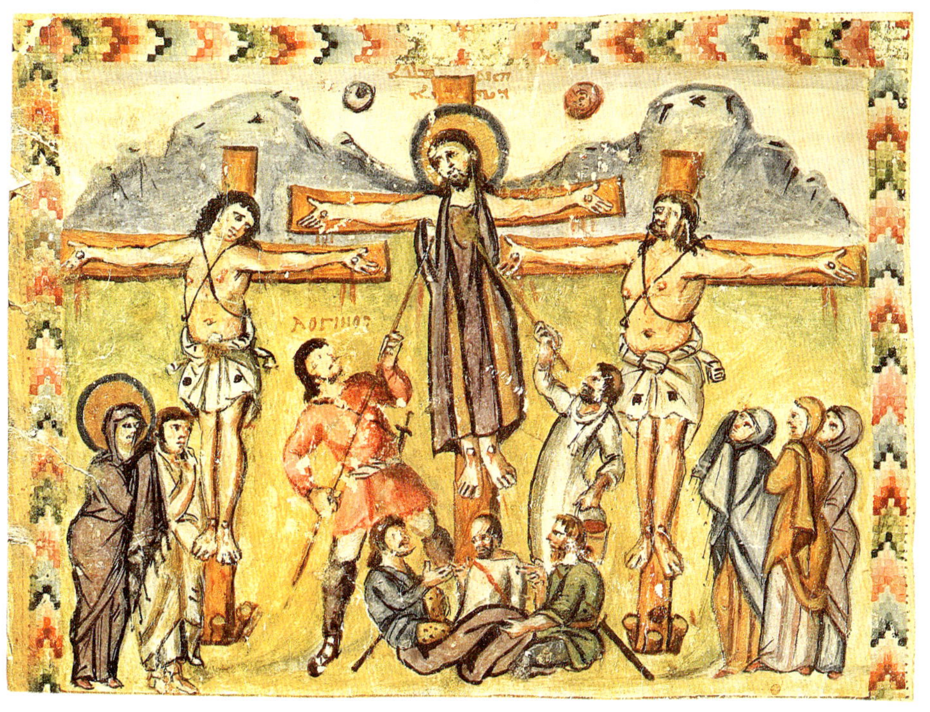
ΛΟΓΙΝΟC

relicario esmaltado

comienzos del siglo ix

metropolitan museum of art, nueva york

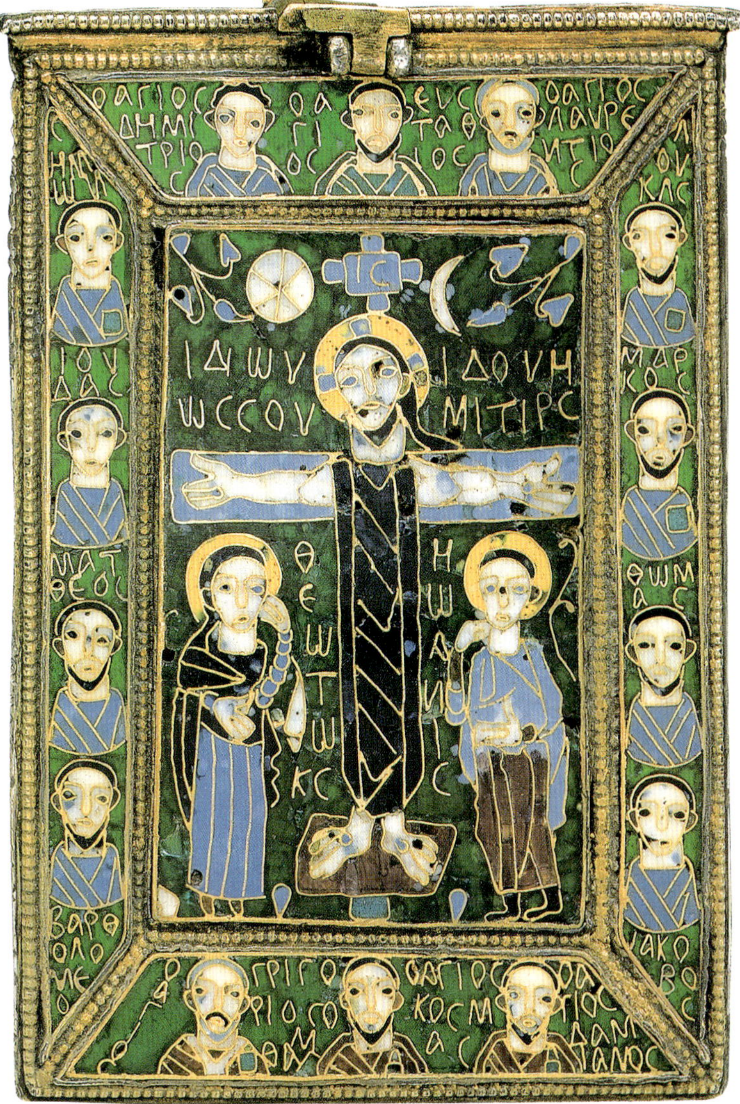

cubierta de libro dorada

y con joyas ensartadas

h. 880

biblioteca pierpont morgan, nueva york

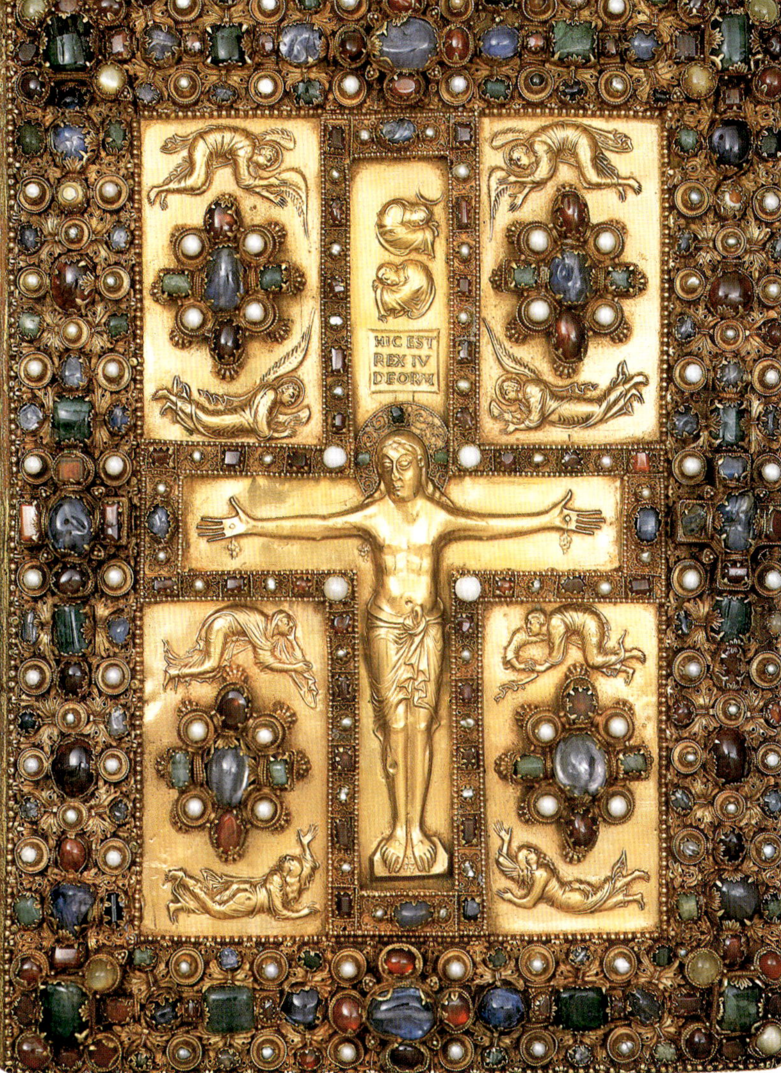

HIC EST
REX IV
DEORV

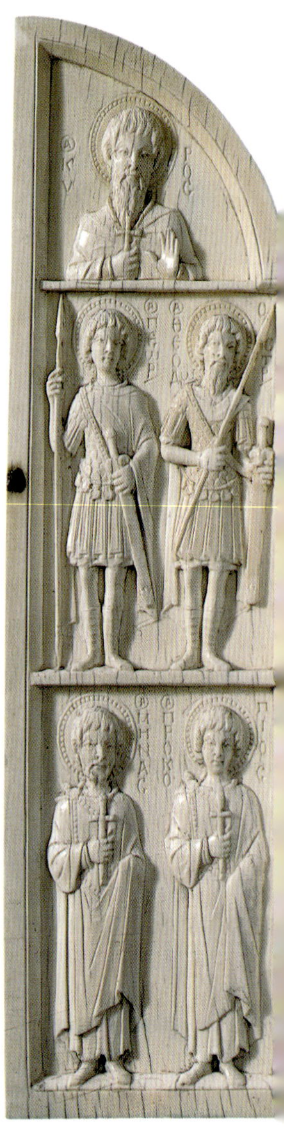

trÃptico de marfil

siglo x

museo britÃ¡nico, londres

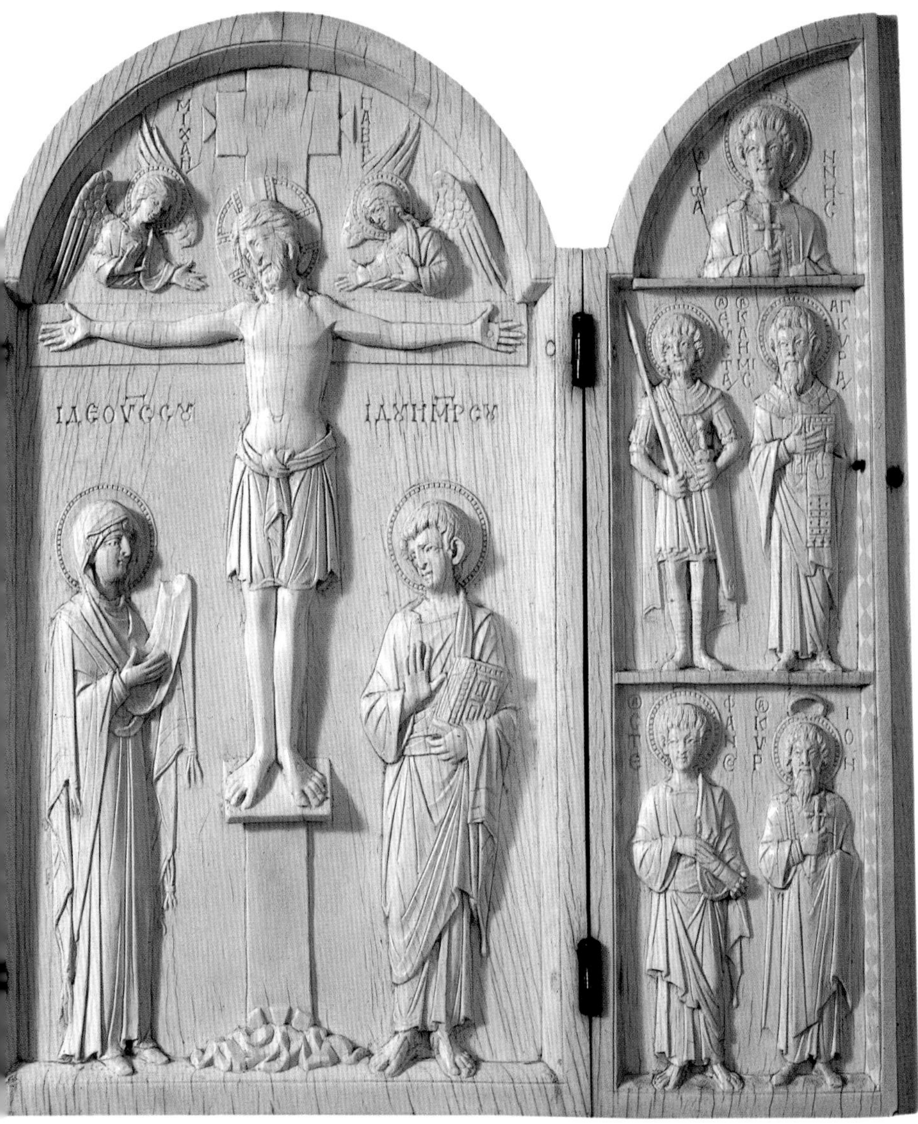

a diferencia de las primeras
representaciones de la crucifixión, ésta
muestra signos de que cristo ya ha muerto:
tiene los ojos cerrados, el cuerpo distendido
y mana sangre de la herida de su costado.
la calavera que aparece con frecuencia
bajo la cruz remite a la tradición de que
jesús fue crucificado en el mismo lugar
donde se enterró a adán.

placa esmaltada
h. 976
san marcos, venecia

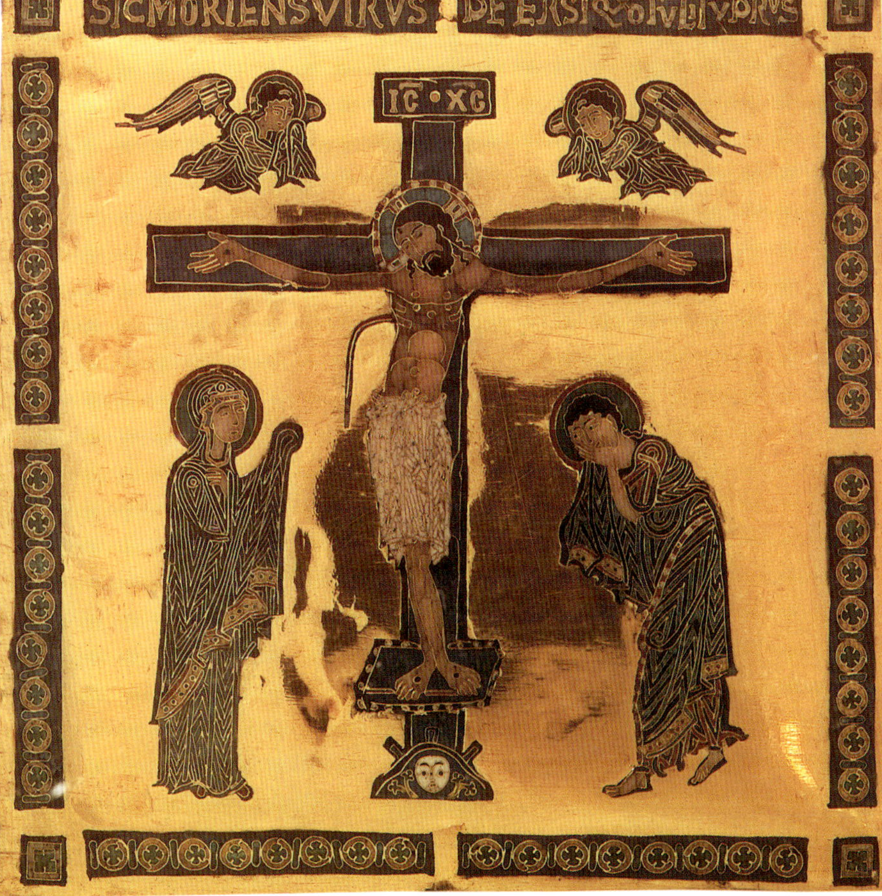
SIC MORIENS VIRVS DE ERSIS TOVLIT PRVS
IC · XC

en la época romana, mientras eran
conducidos al lugar de la crucifixión, los
condenados llevaban una placa colgada del
cuello en la que constaba la naturaleza de
su crimen; esa placa se fijaba después en la
parte superior de la cruz. según san juan
(19: 19–20), pilatos mandó hacer una
inscripción en la que se leía en hebreo,
latín y griego: «jesús nazareno, el rey de los
judíos», cuya abreviatura es «inri».

crucifijo de plata
h. 1007–1008
diözesanmuseum und domschatzkammer,
hildesheim

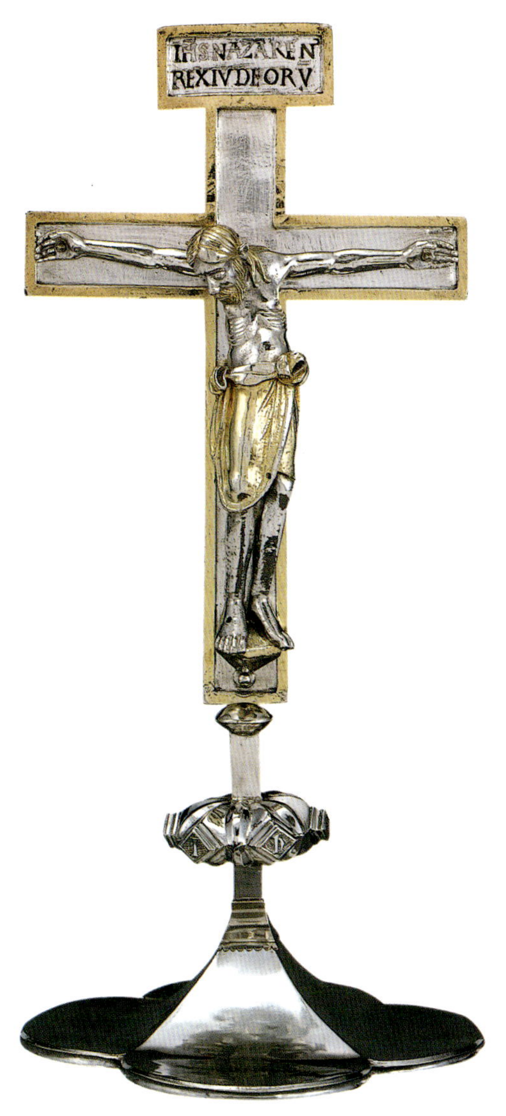
IHS·NAZAREN
REX·IVDEORV

ésta es una de las primeras imágenes de la
crucifixión en las que se incluye la figura
de maría magdalena, abrazada a la base de
la cruz, que tiene forma de tronco. a partir
del siglo xiv se prestó más atención a los
sentimientos humanos de la escena, y
maría magdalena se convirtió en uno de
los personajes que acompañan
habitualmente a cristo moribundo.

manuscrito iluminado
h. 1030–1050
biblioteca pierpont morgan, nueva york

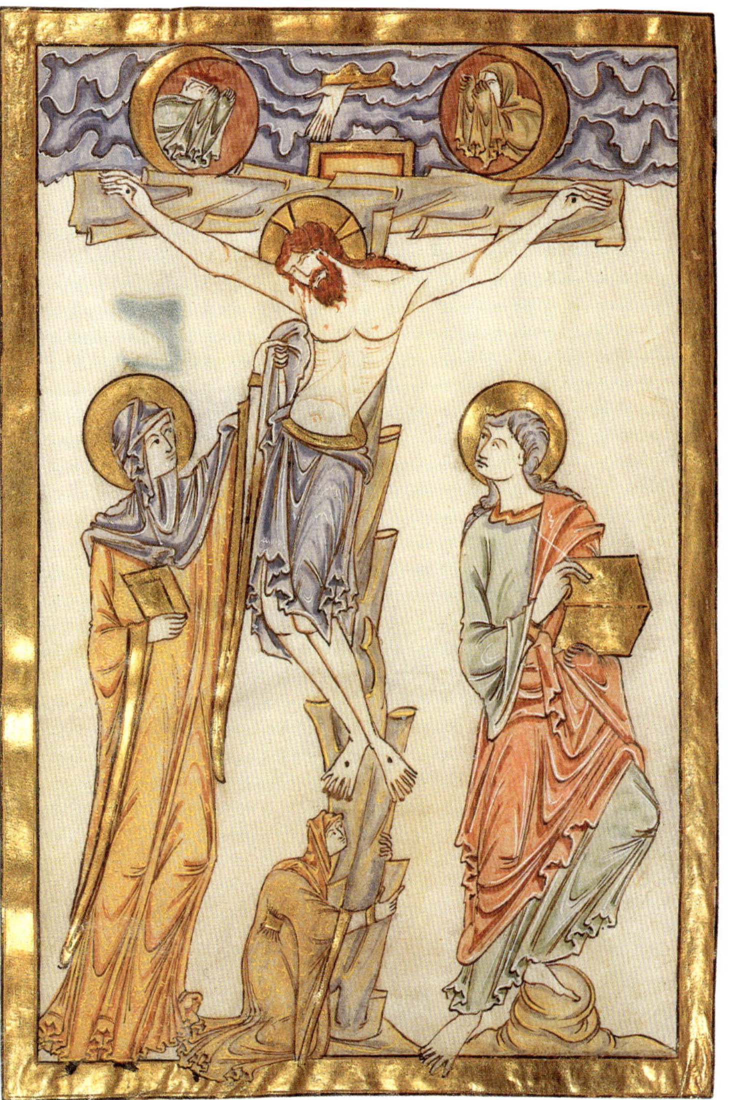

cubierta de libro de marfil

siglo xi

catedral de essen

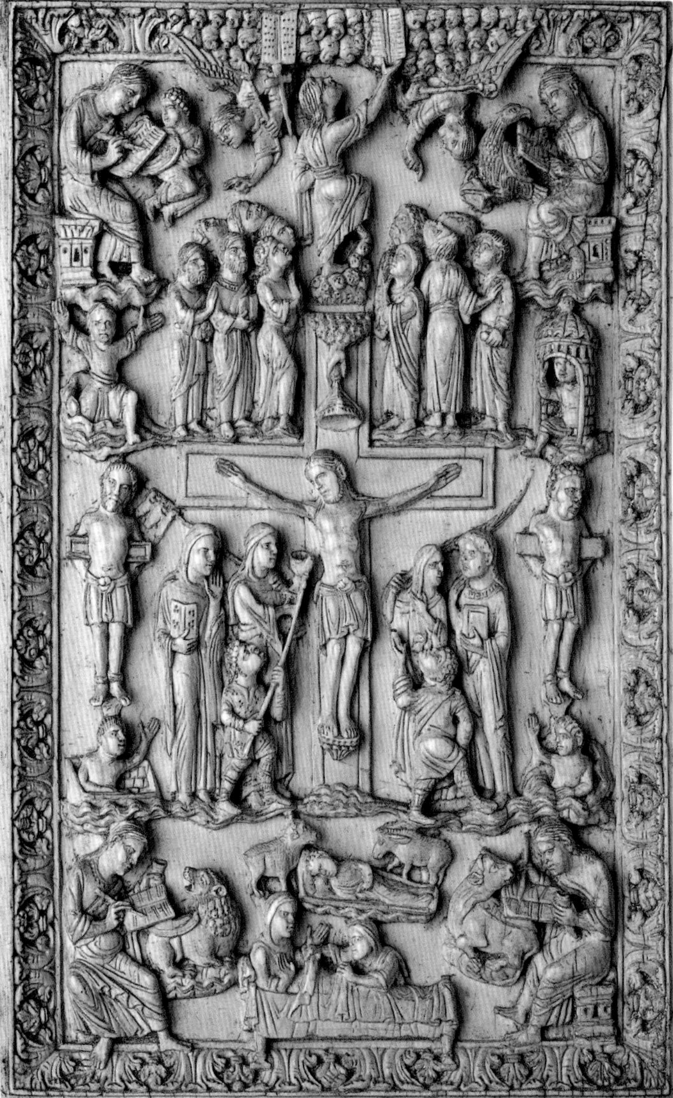

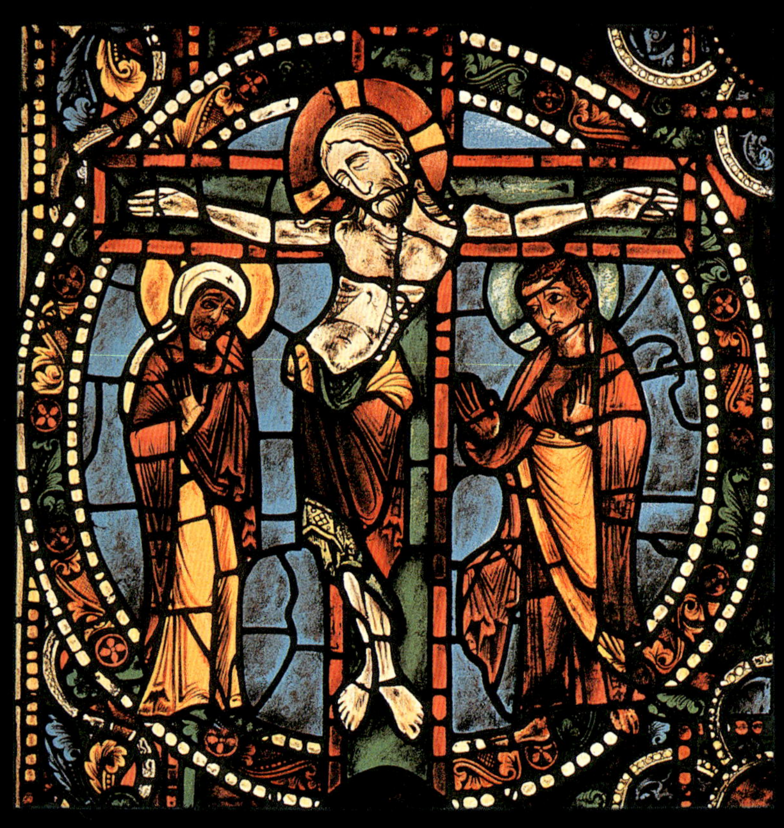

vidriera policroma

h. 1150

catedral de chartres

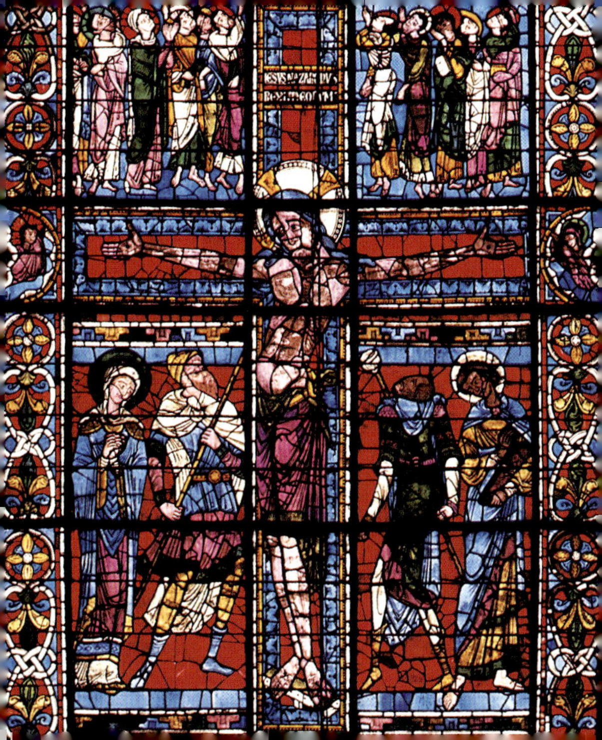

IESVS NAZARENVS
REX IVDEORVM

manuscrito iluminado

h. 1200–1232

biblioteca pierpont morgan, nueva york

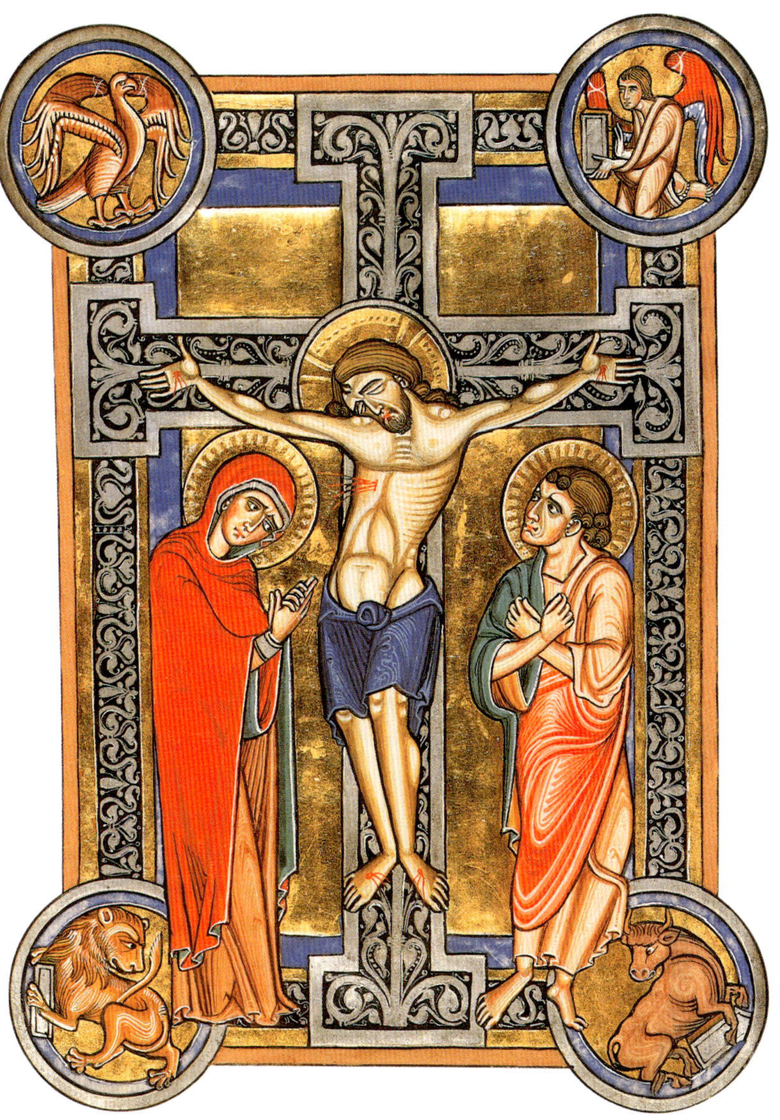

fresco

1209

monasterio de la virgen, studenica

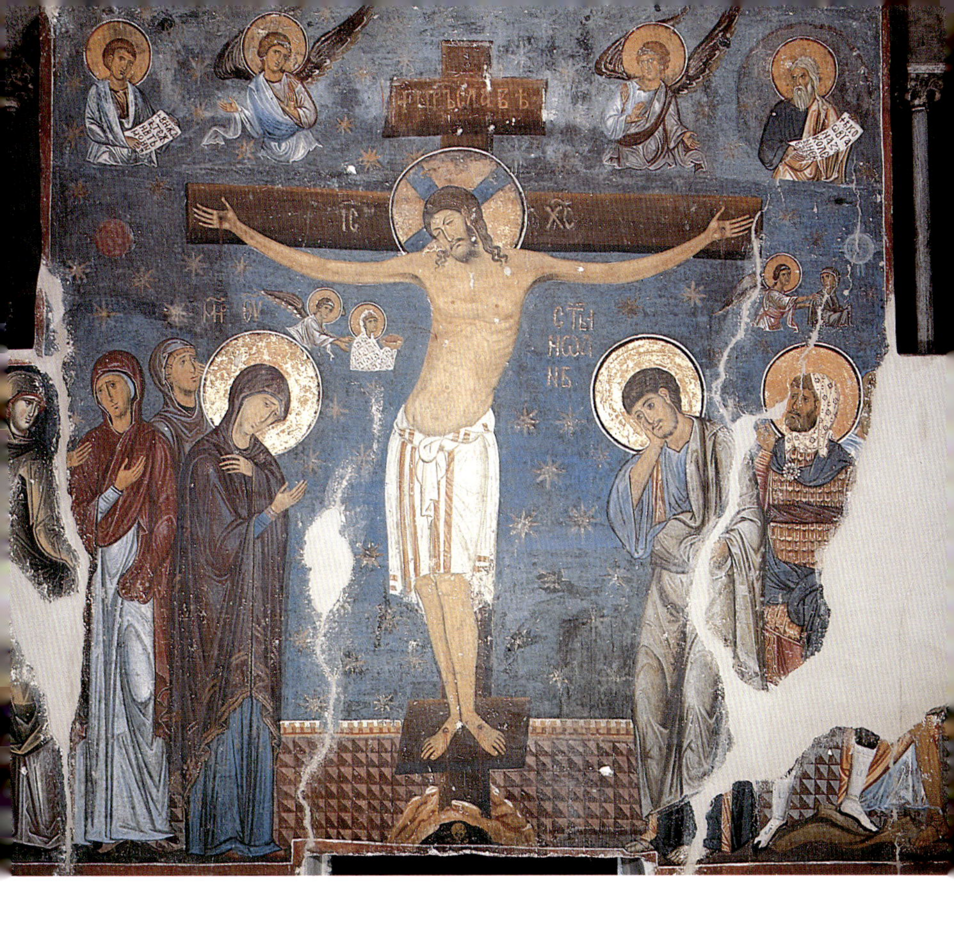

estamos ante la primera representación
verdaderamente dramática de la crucifixión
que se hizo en italia. esta imagen de pisano
repleta de gente está llena de figuras
expresivas: desde maría, que se desploma
desconsolada a la izquierda, hasta el grupo
de fariseos que retrocede a la derecha.

nicola pisano
relieve en mármol
h. 1260
baptisterio, pisa

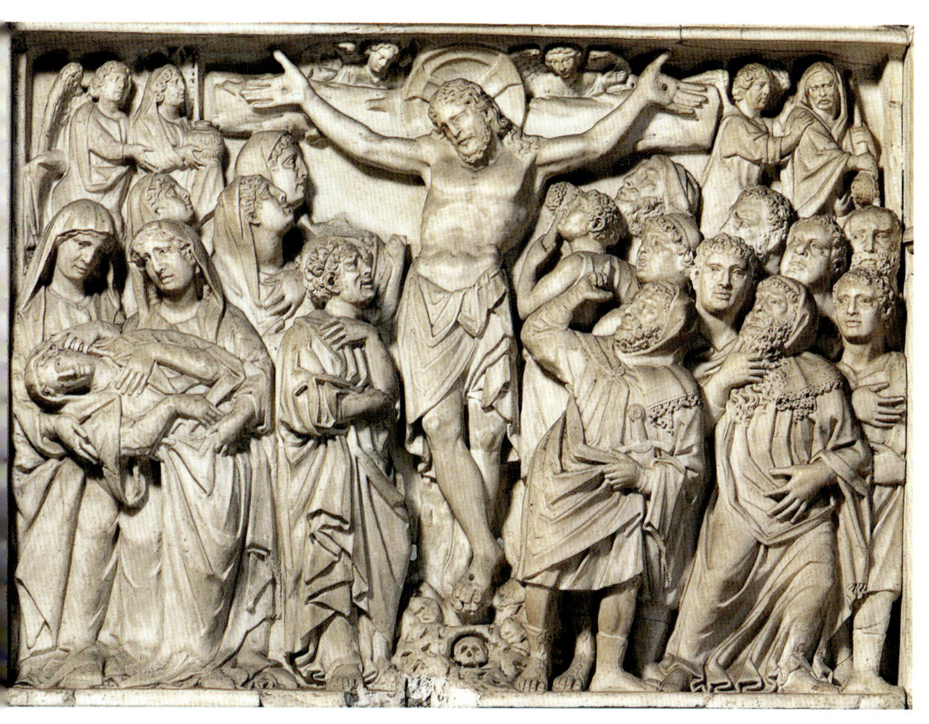

maestro de san francisco

pintura al temple sobre tabla

h. 1260–1272

national gallery, londres

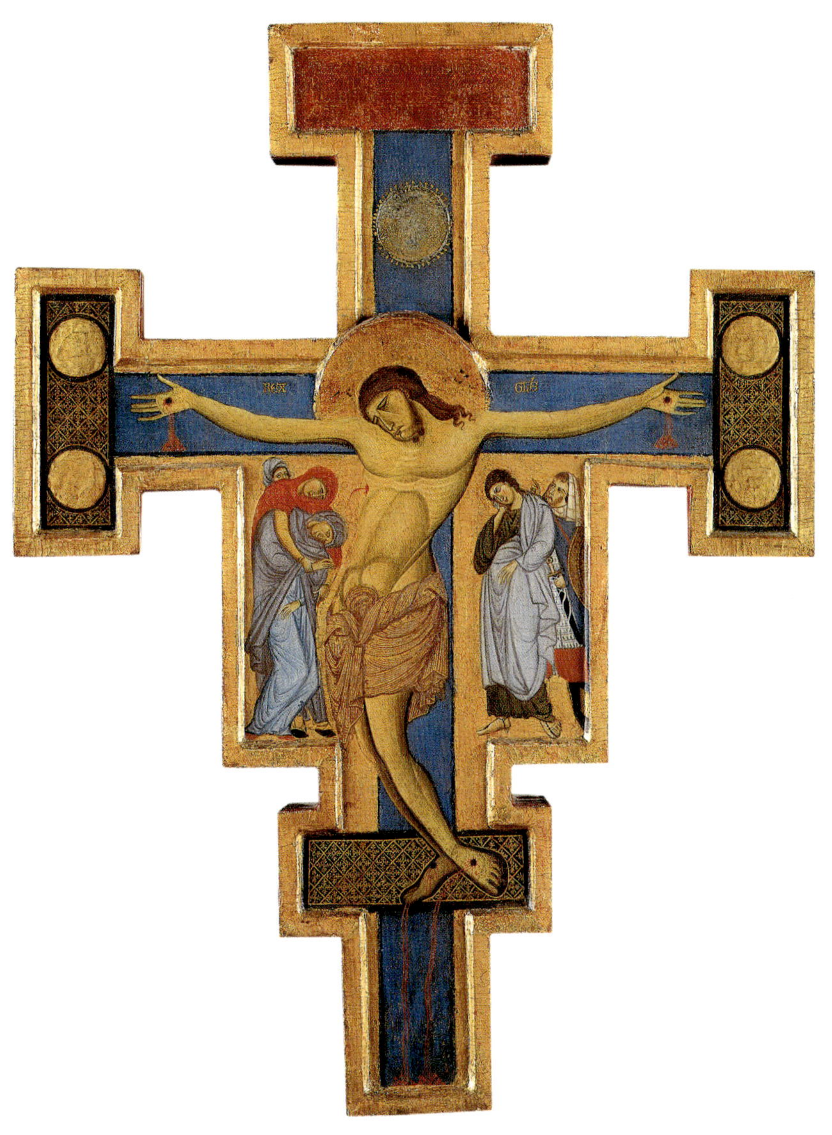

giotto

fresco

h. 1305

capilla de los scrovegni, padua

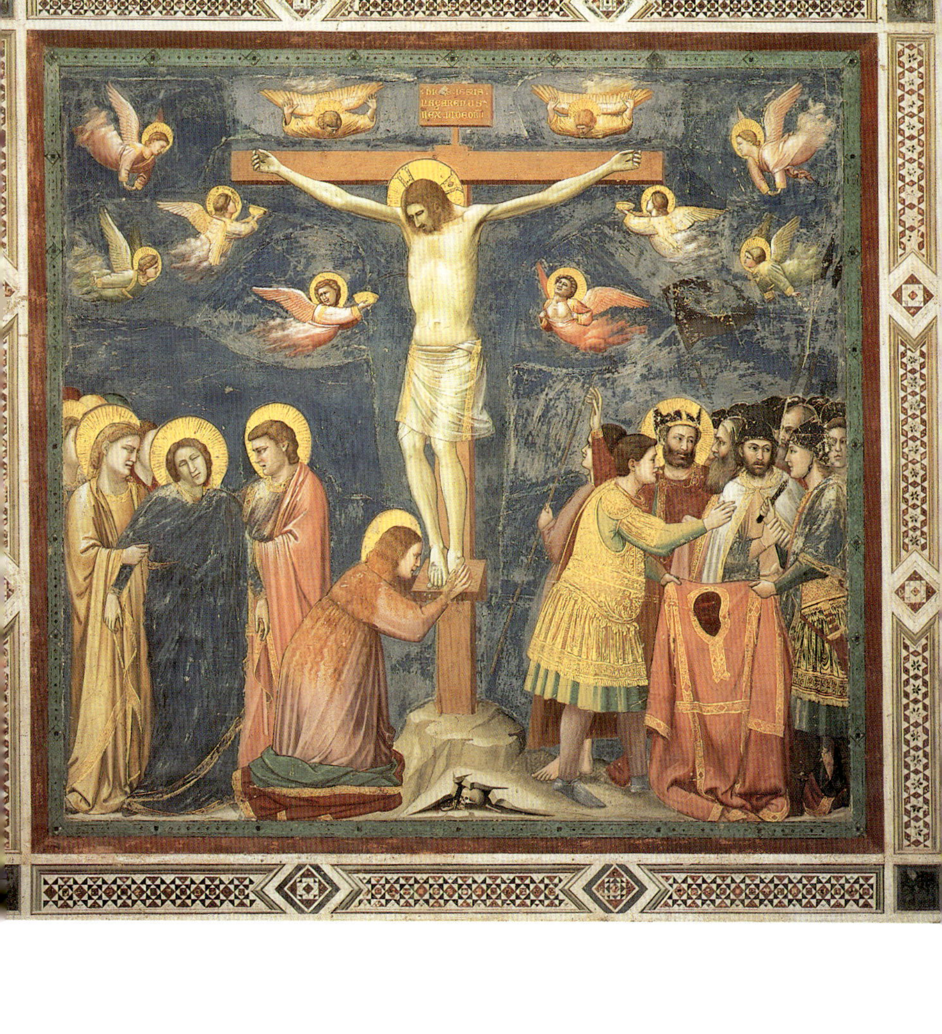
hic e iesus
nazarenus
rex iudeori

la corona de espinas que lleva jesús en esta
obra de duccio era un motivo corriente a
mediados del siglo xiii, cuando el rey luis ix
de francia volvió de las cruzadas en tierra
santa con esta reliquia.

duccio
pintura al temple sobre tabla
1308–1311
museo dell'opera del duomo, siena

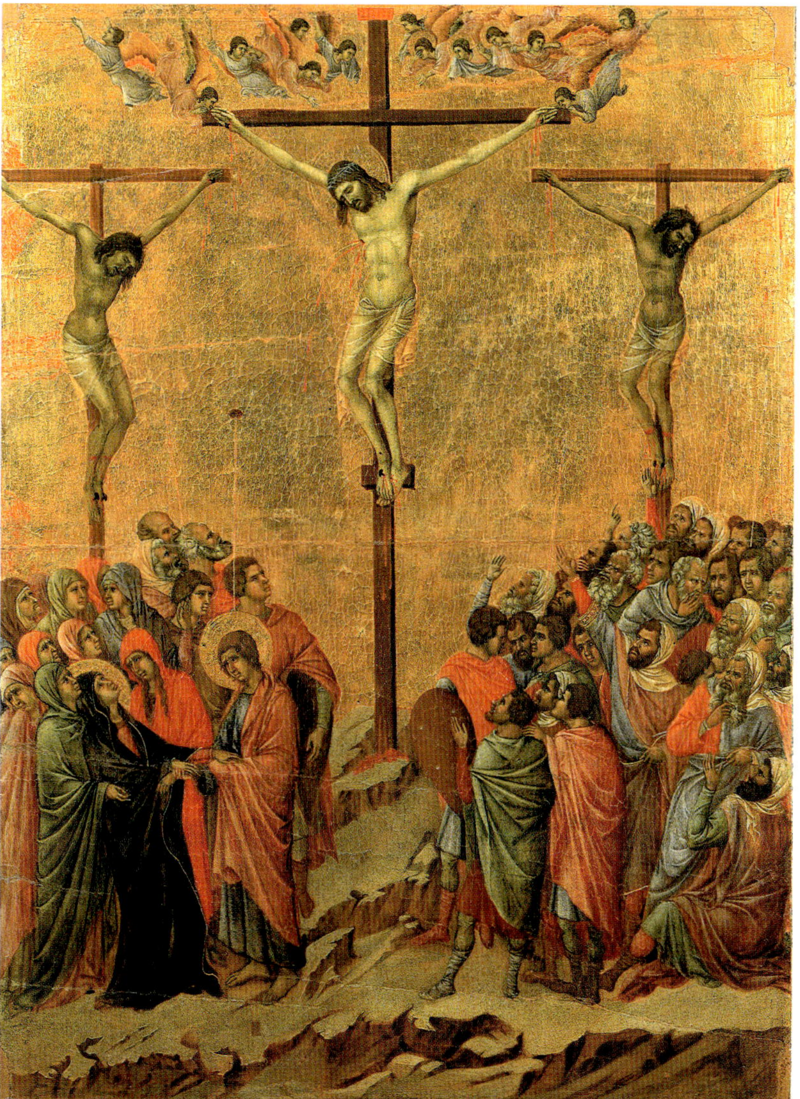

esta página pertenece a un pequeño
libro de las horas que carlos iv regaló a su
esposa jeanne d'evreux, reina de francia.

jean pucelle
manuscrito iluminado
h. 1325
colección los claustros,
metropolitan museum of art, nueva york

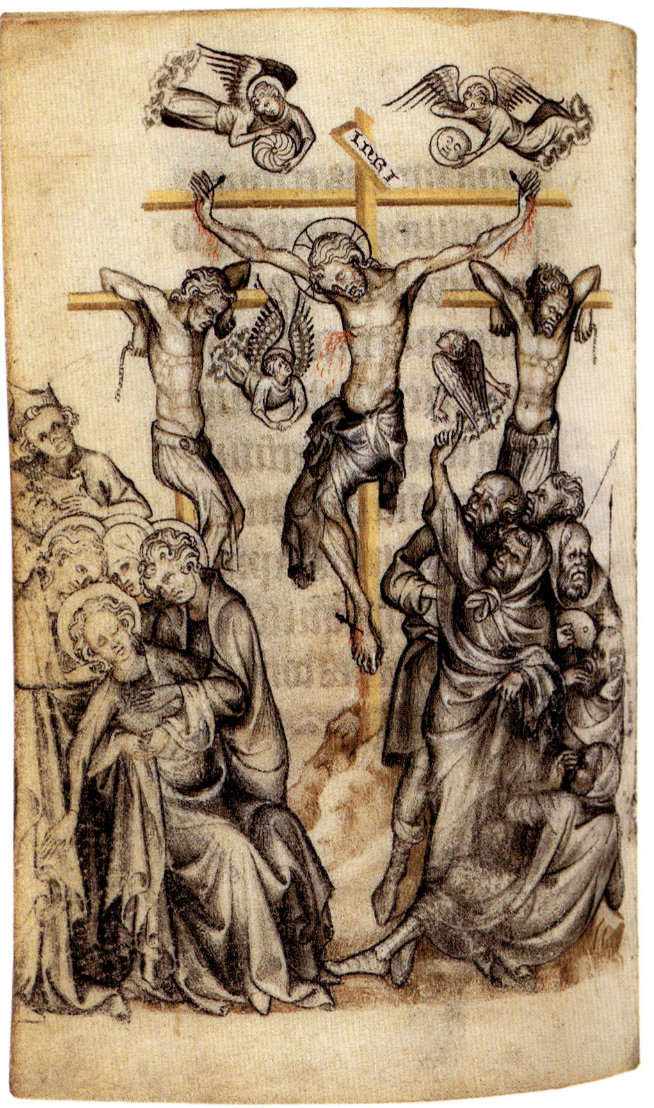
INRI

bernardo daddi

pintura al temple sobre tabla

1338

national gallery of scotland, edimburgo

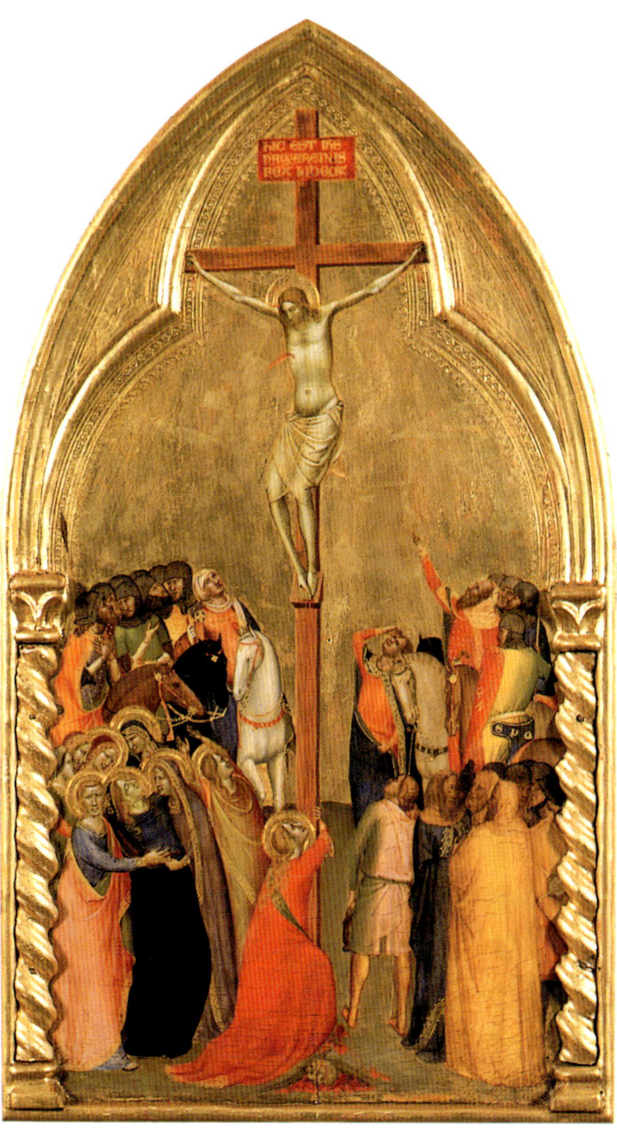

HIC EST IHS
NAZARENUS
REX IUDEOR

tres de los cuatro evangelios mencionan a
un centurión presente en la crucifixión que
exclamó: «verdaderamente este hombre es
el hijo de dios». se le suele representar
apuntando a cristo con el dedo mientras
pronuncia sus palabras, que aquí aparecen
escritas en latín, y a caballo.

escuela francesa
tinta negra sobre seda
h. 1375
museo del louvre, parís

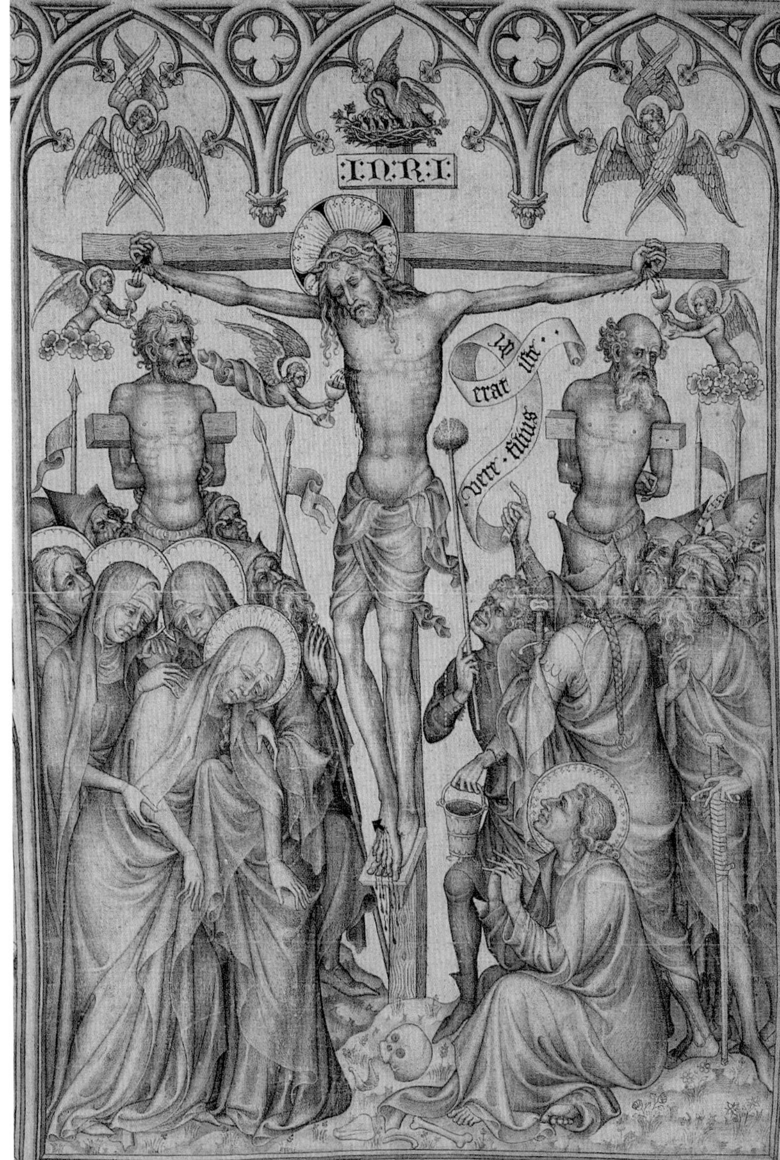
I.N.R.I.
vo
crat ihr
 verr tuus

la leyenda dorada cuenta que longinus, el portador de la lanza, se curó de su ceguera cuando cayó sobre sus ojos la sangre de cristo y que entonces se convirtió al cristianismo. aquí, el artista lo representa señalándose los ojos, uno de los cuales ya está abierto. longinus suele ir acompañado del soldado que le ofrece a jesús una esponja con vinagre. la tradición dice que se llamaba stephaton, y juntos representan, respectivamente, la iglesia y la sinagoga.

manuscrito iluminado

1383–1384

abadía de westminster, londres

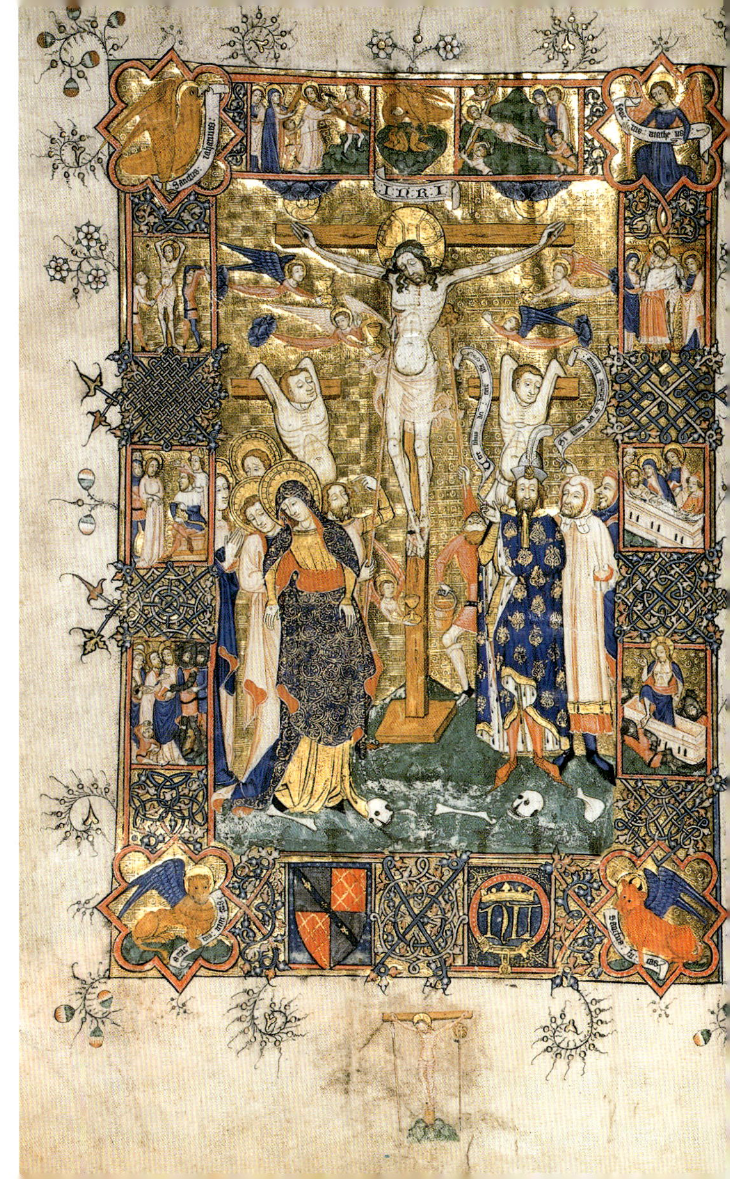

jean de beaumetz

pintura al temple sobre tabla

h. 1389–1395

museo del louvre, parís

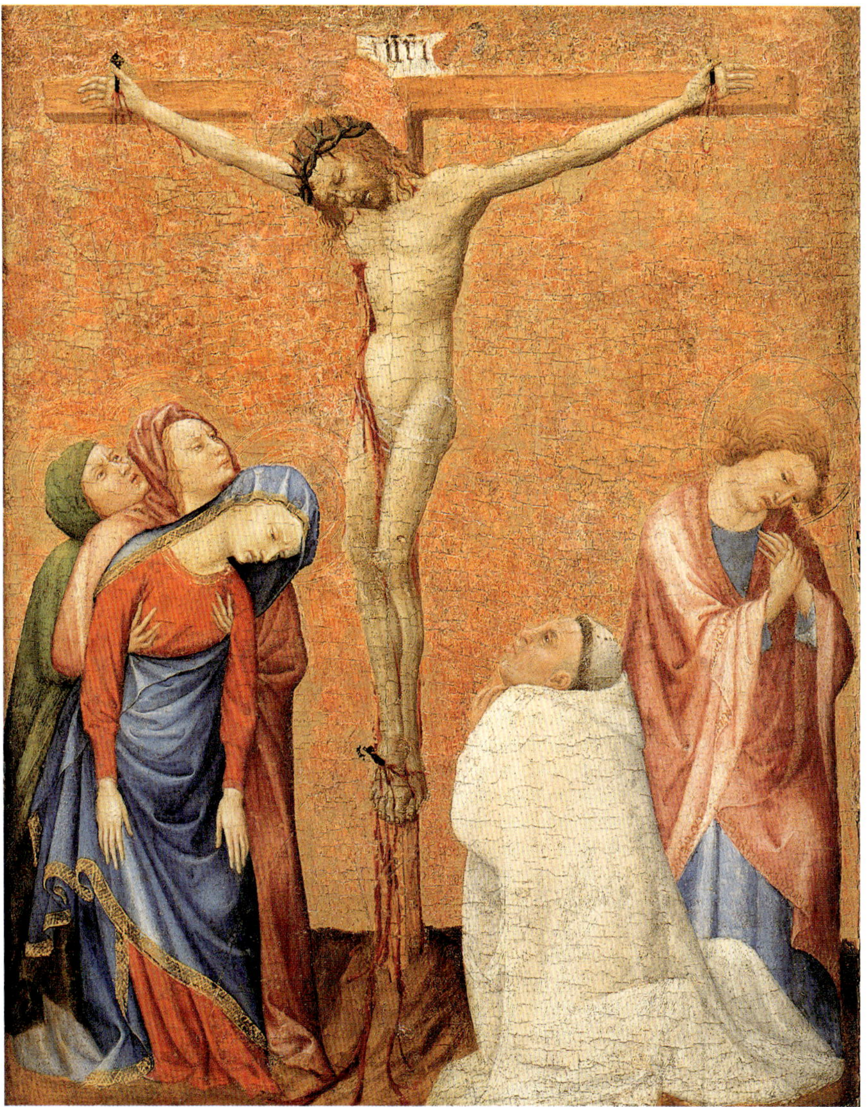

en las representaciones del buen y el mal
ladrón los artistas tienden a hacer una
distinción moral entre derecha e izquierda.
el ladrón arrepentido, a la derecha de
cristo, suele tener una expresión de paz
por su condición de hombre que se ha
reconciliado con dios; el ladrón impenitente
aparece más atormentado y a veces, como
en este caso, se puede ver a un demonio
que se lleva su alma.

agnolo gaddi
pintura al temple sobre tabla
h. 1393–1396
galería de los uffizi, florencia

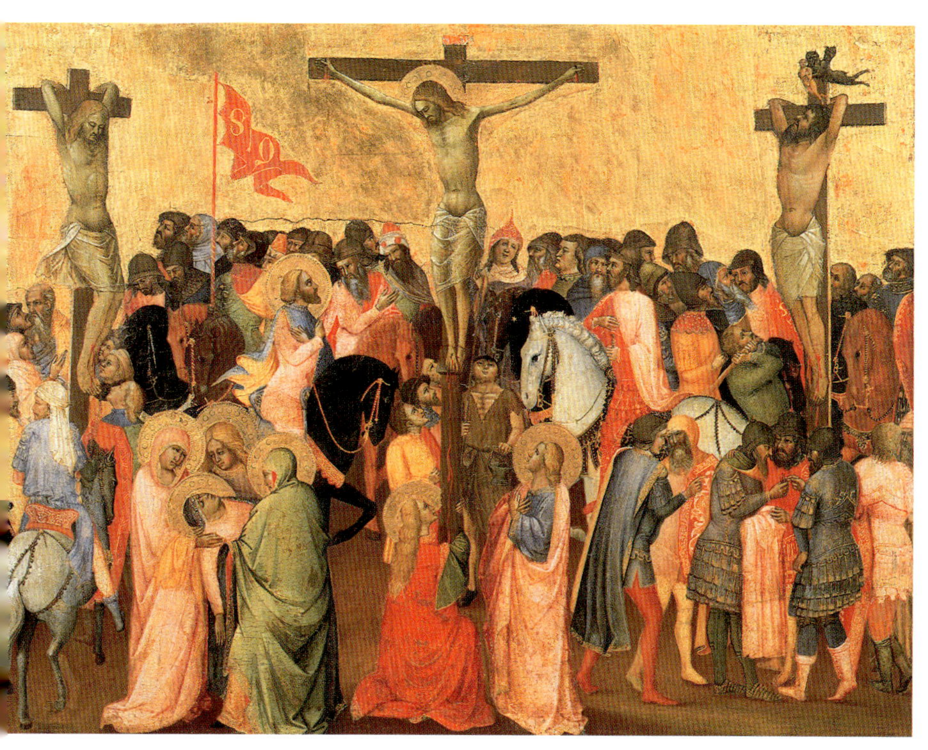

S·P·Q·R

maestro de santa verónica

manuscrito iluminado

h. 1400–1410

museo john paul getty, malibú

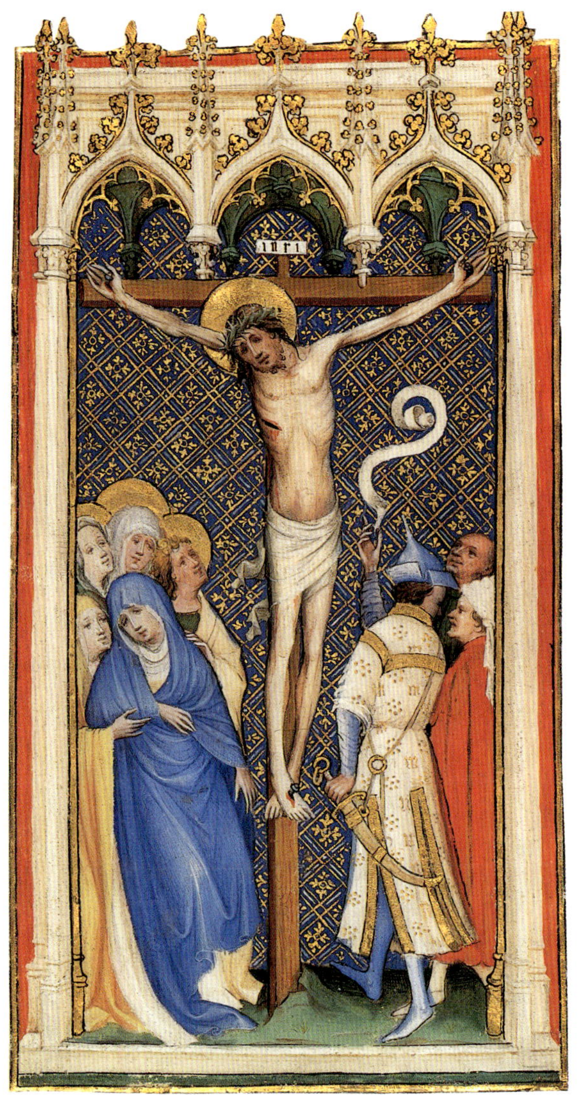
iNri

maestro del misal de hasenburg

manuscrito iluminado

1409

österreichische nationalbibliothek, viena

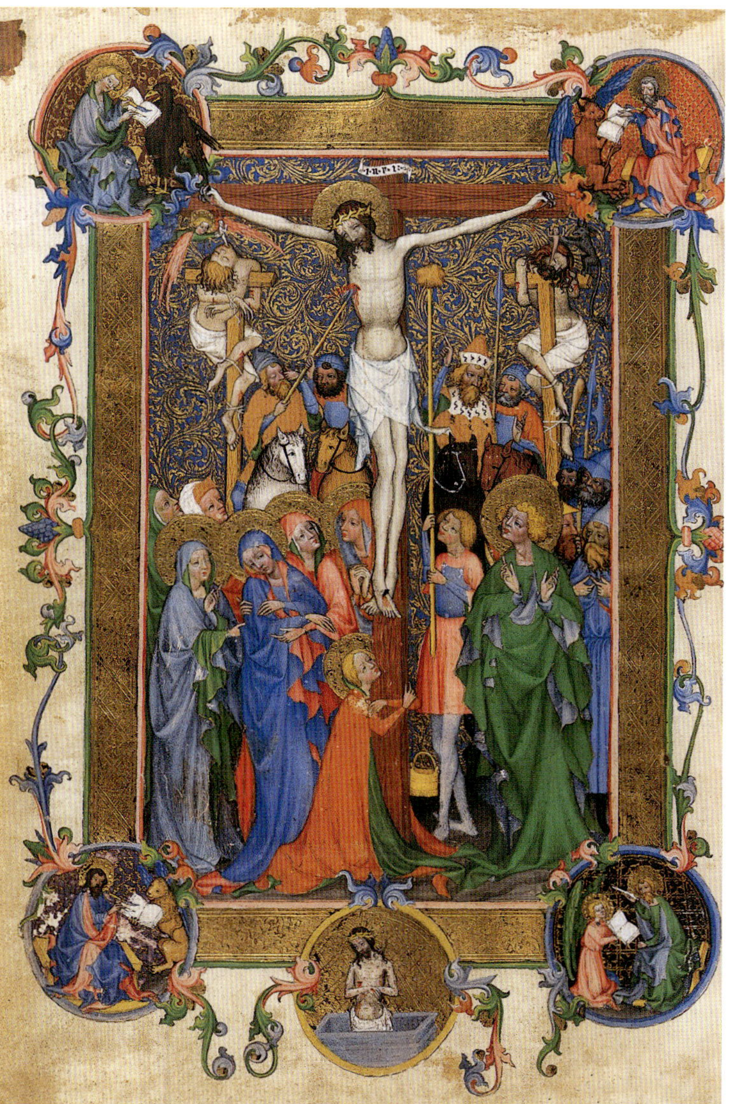

cuenta una leyenda medieval que
el pelícano alimenta a sus crías
pellizcándose el pecho con el pico. este
hecho se ha convertido en un símbolo del
derramamiento de la sangre de cristo en
beneficio de la humanidad, y por eso, en las
representaciones de la crucifixión a veces
aparece un pelícano en un nido situado
sobre la cruz.

masolino
pintura al temple sobre tabla
h. 1424
pinacoteca vaticana, roma

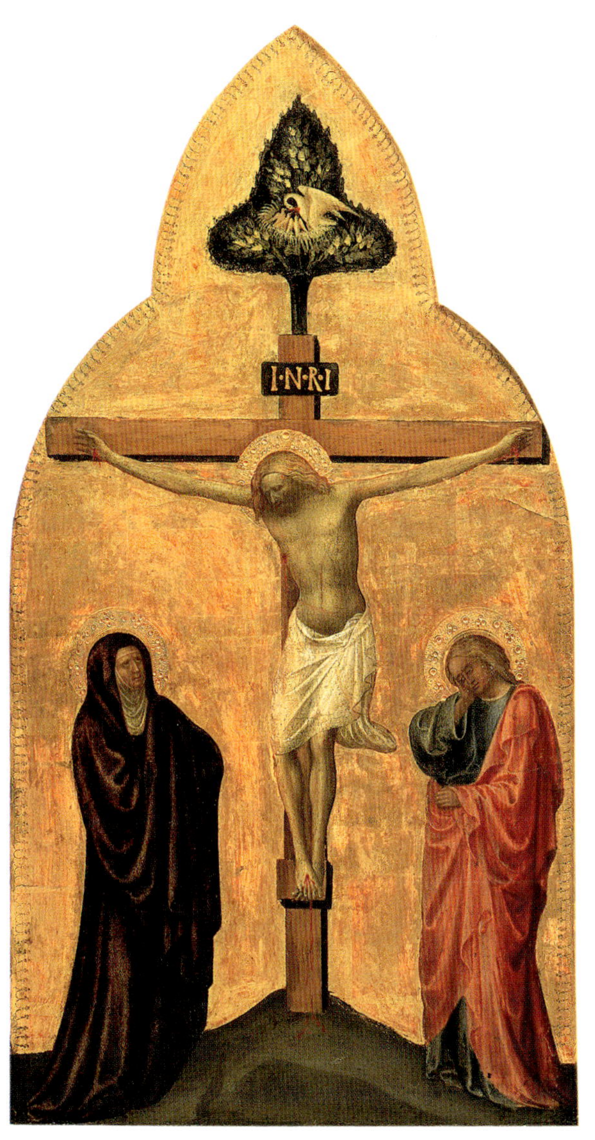

I·N·R·I

masaccio

fresco

h. 1425–1428

santa maria novella, florencia

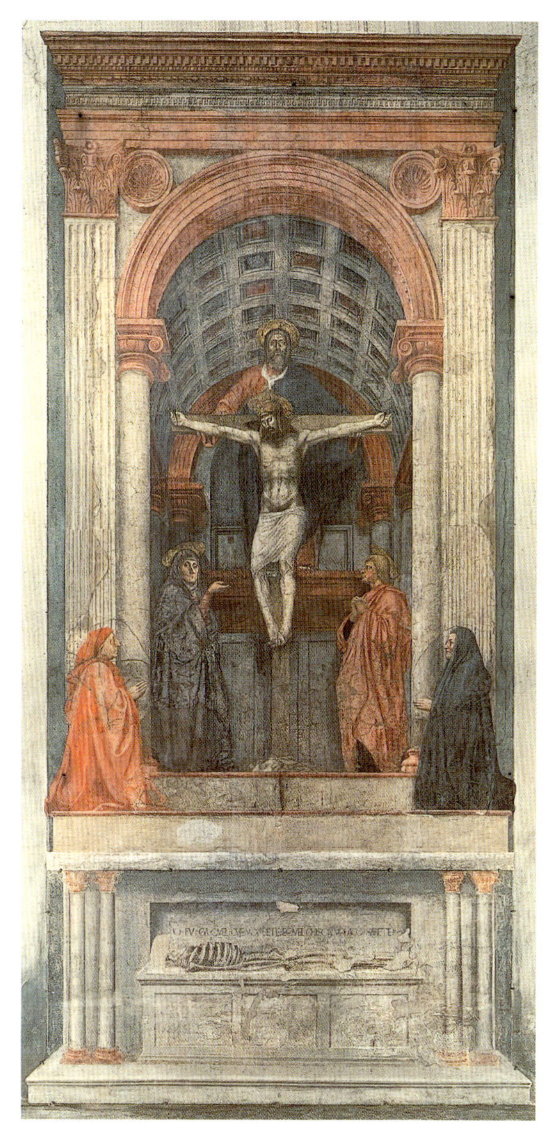

jan van eyck
pintura al temple y óleo sobre lienzo
procedente de una tabla
h. 1425–1430
metropolitan museum of art, nueva york

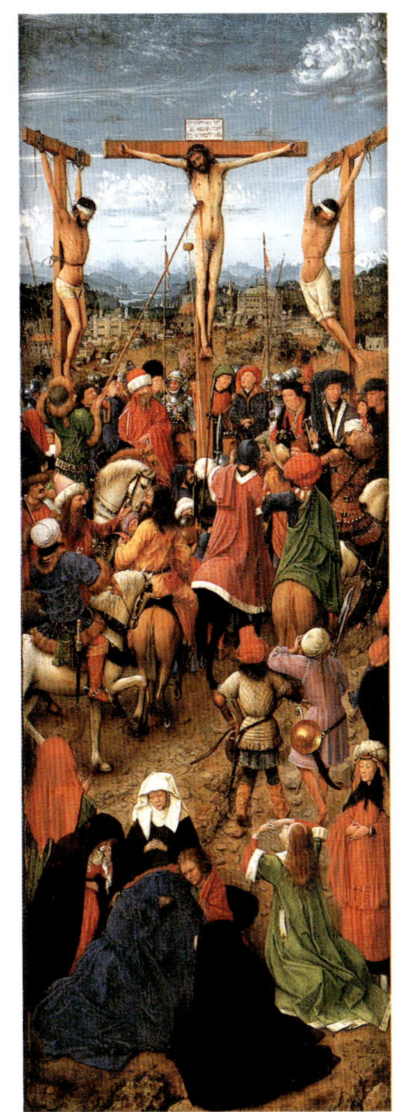

masaccio

pintura al temple sobre tabla

1426

museo di capodimonte, nápoles

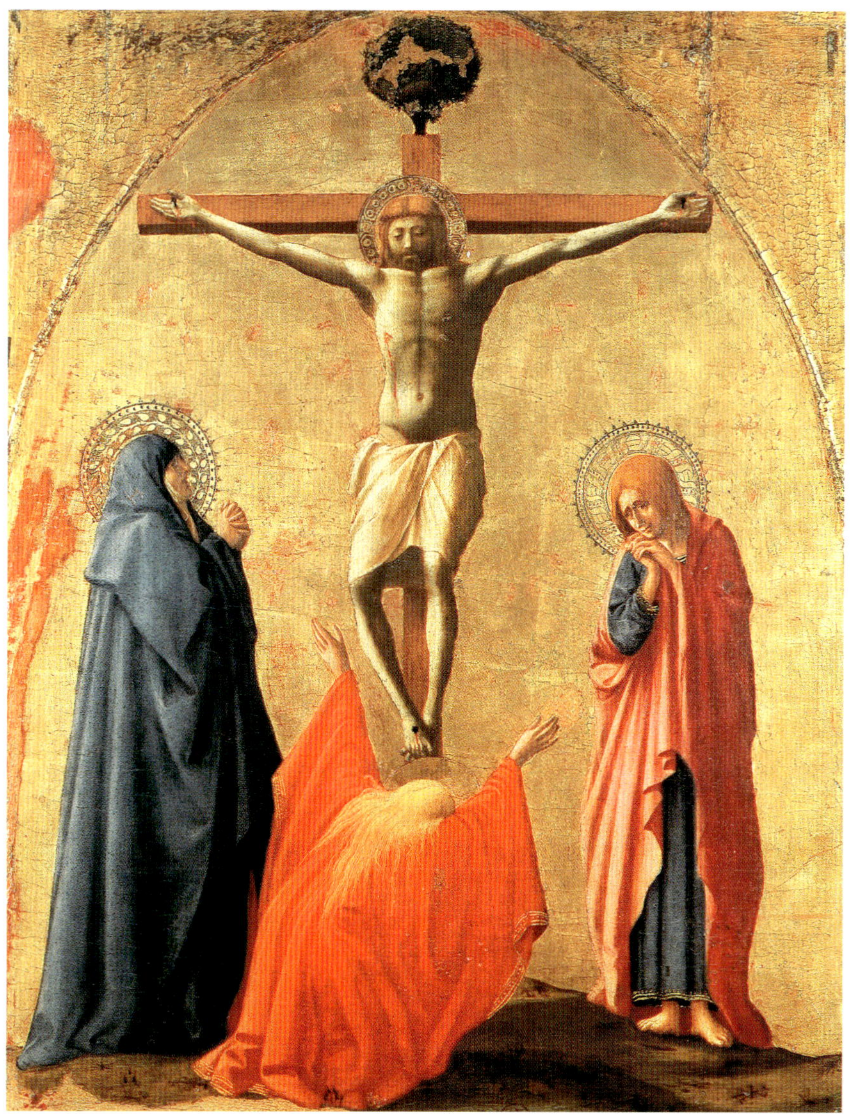

fra angélico

fresco

h. 1440–1450

museo del louvre, parís

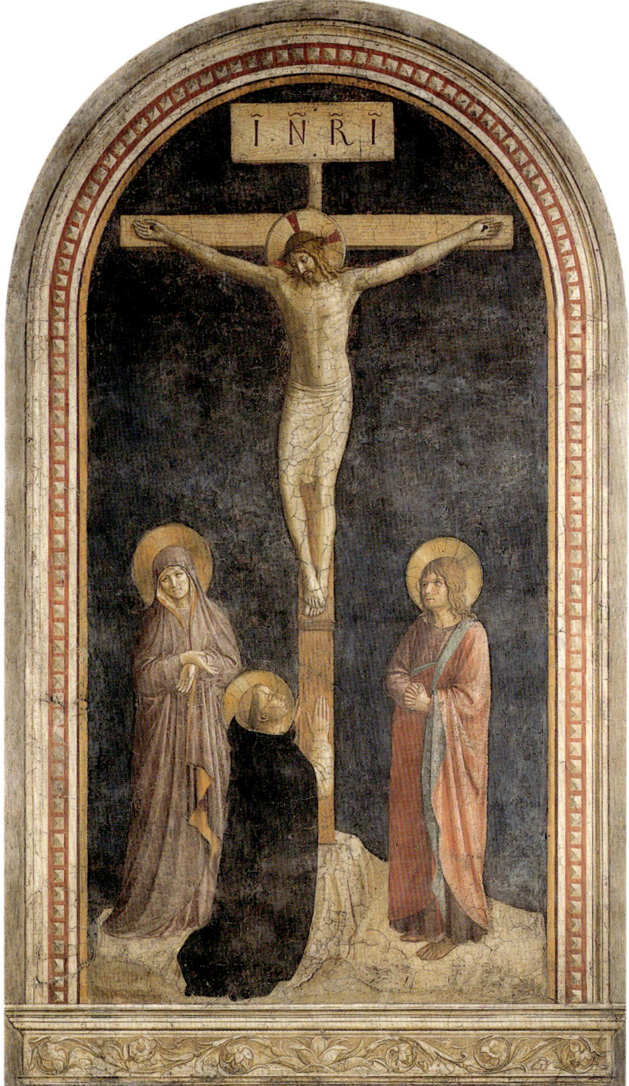

INRI

rogier van der weyden

óleo sobre tabla

h. 1440

kunsthistorisches museum, viena

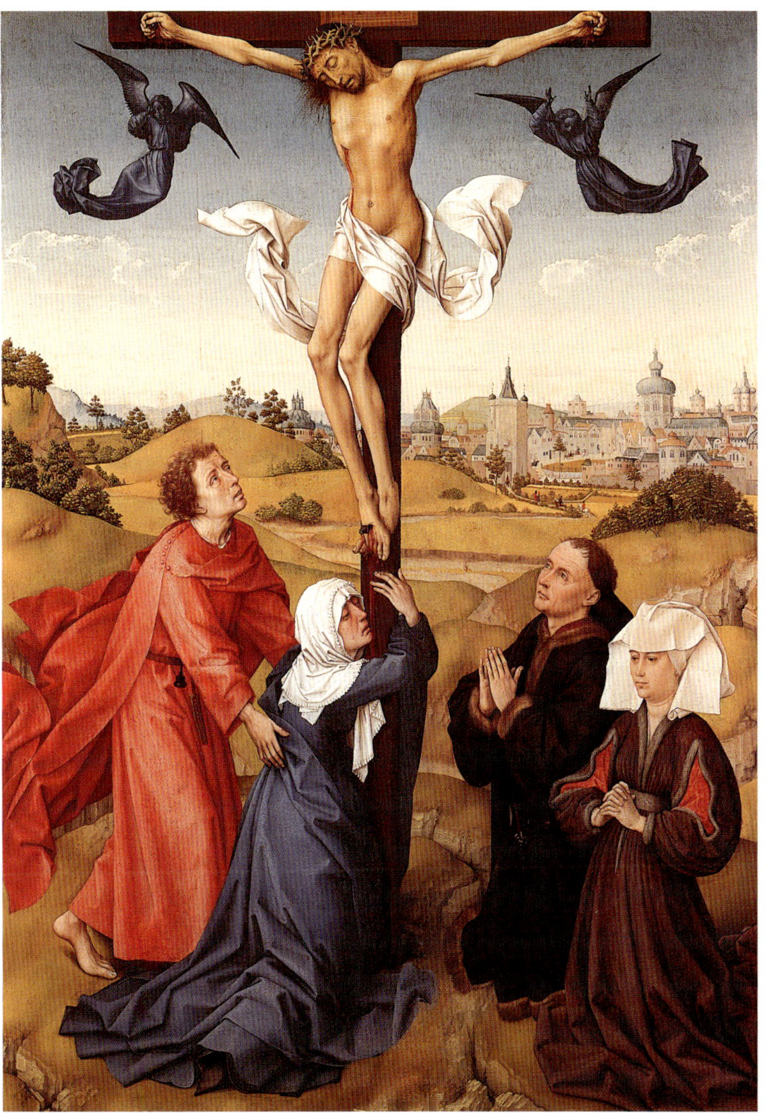

fra angélico

fresco

h. 1441–1442

museo de san marco, florencia

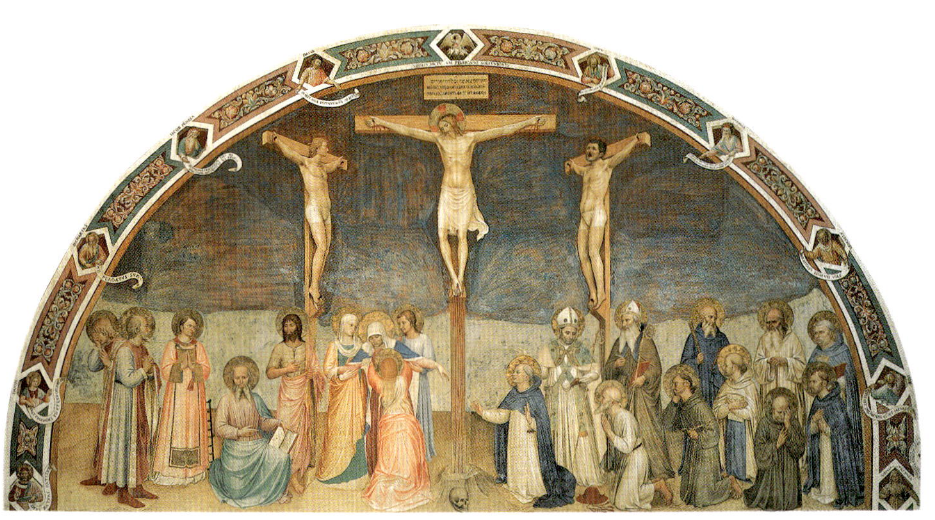

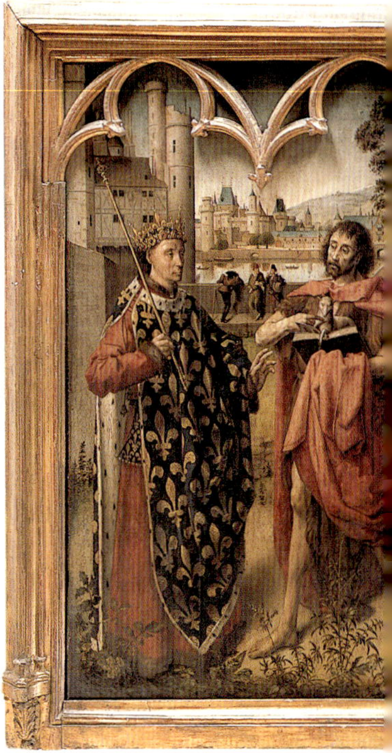

escuela francesa

óleo sobre tabla

1452

museo del louvre, parís

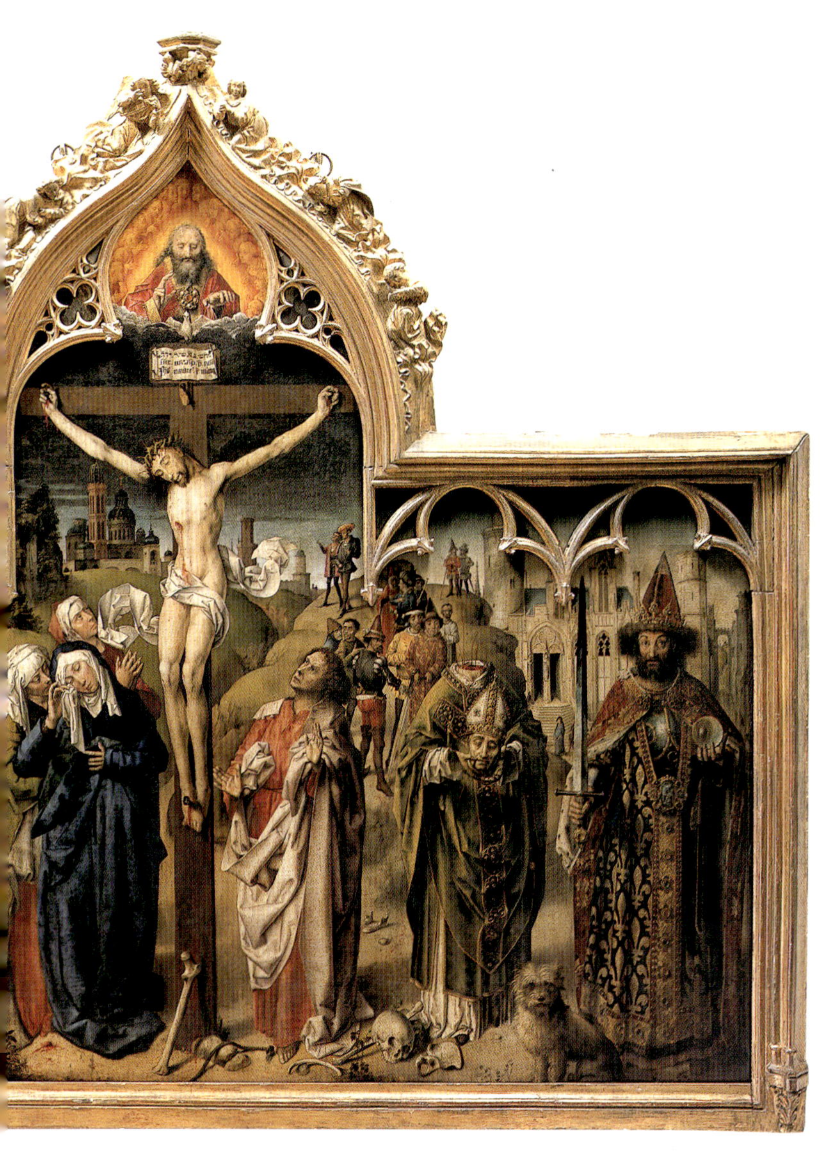

jean fouquet
manuscrito iluminado
h. 1452
museo condé, chantilly

(doble página siguiente)
rogier van der weyden
óleo sobre tabla
h. 1455
museo de arte de filadelfia

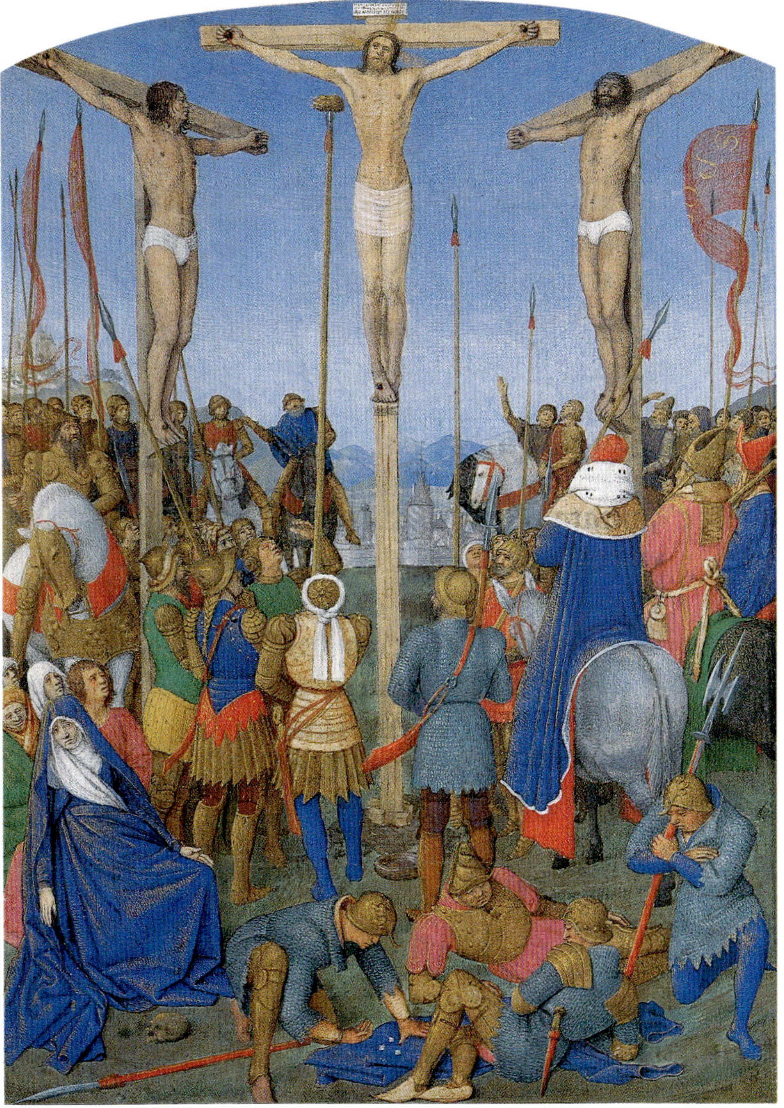

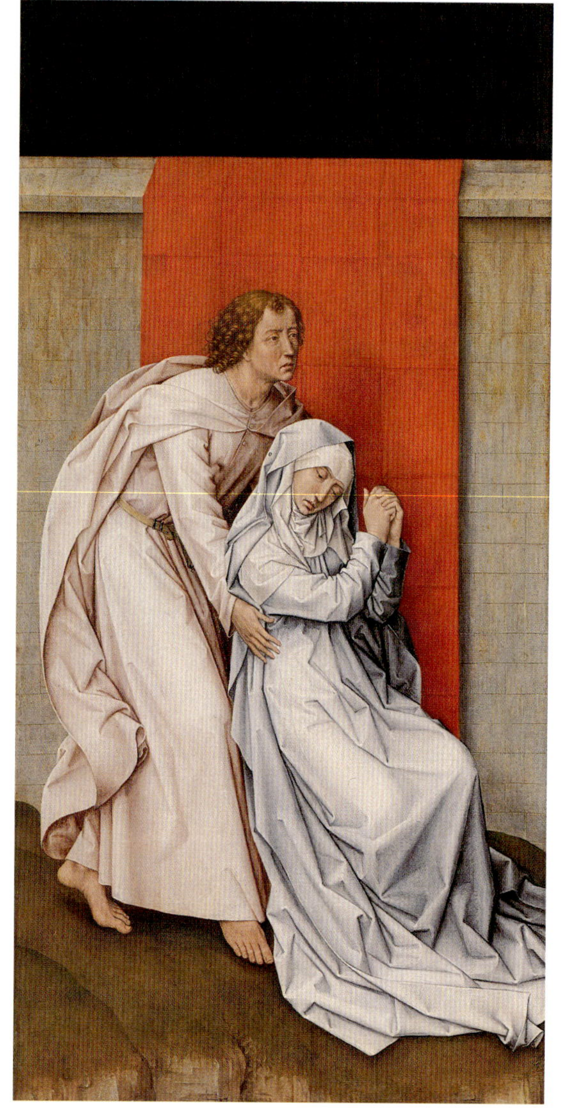

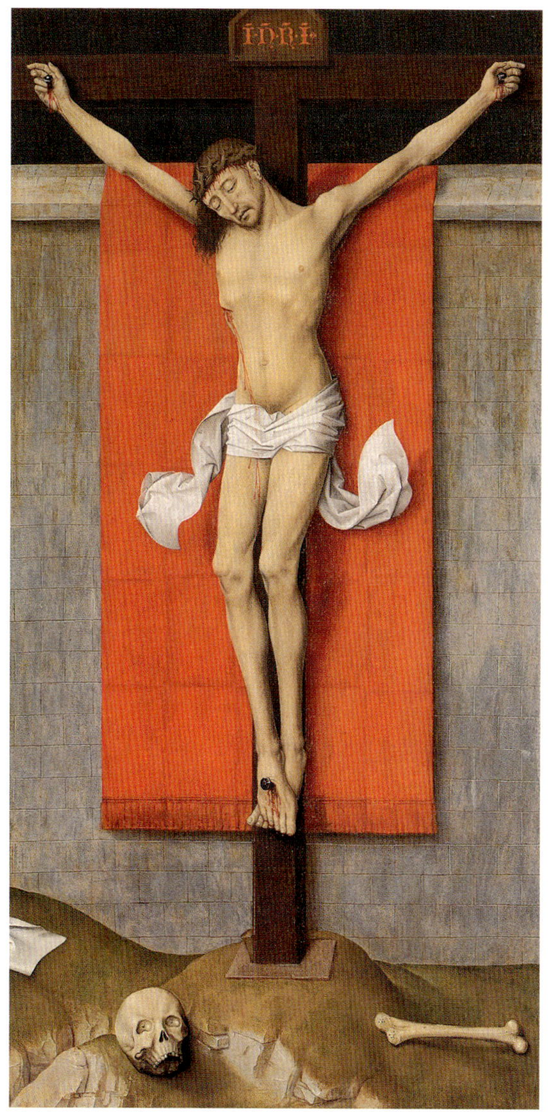

I·N·R·I·

la preocupación de mantegna por la verosimilitud histórica le llevó a crear uno de los gólgotas más «realistas» de la historia del arte. no es un sitio brumoso al otro lado de las murallas de la ciudad, sino que está definido con precisión arqueológica: las losas con agujeros para otras cruces, la pila de las calaveras y los huesos a la izquierda de la pintura lo representan como un lugar destinado a las ejecuciones.

andrea mantegna
óleo sobre tabla
1457–1460
museo del louvre, parís

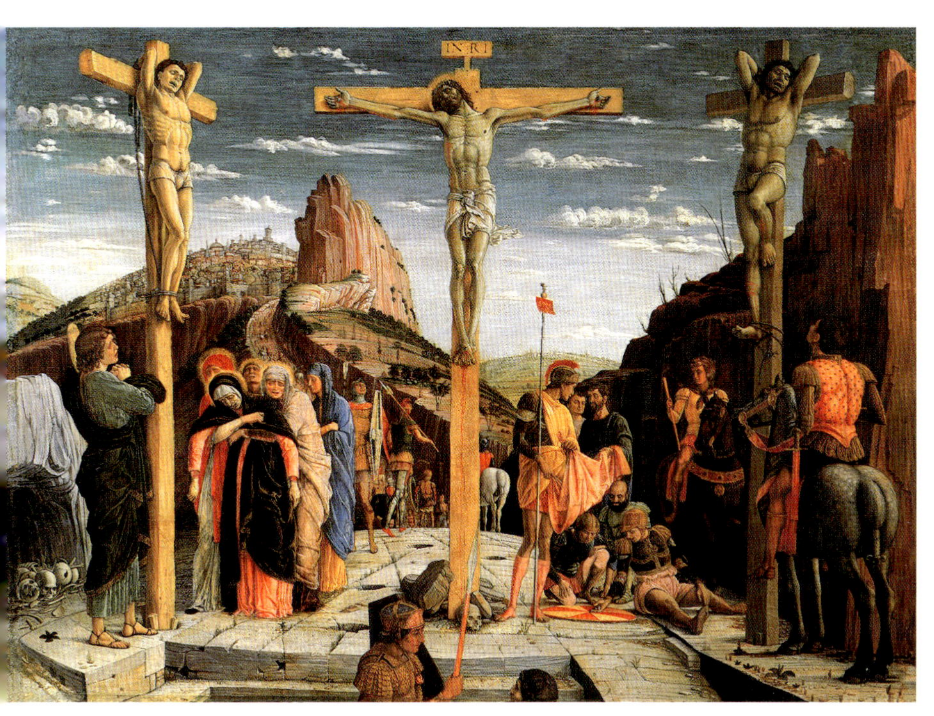

INRI

donatello
relieve en bronce
h. 1465
bargello, florencia

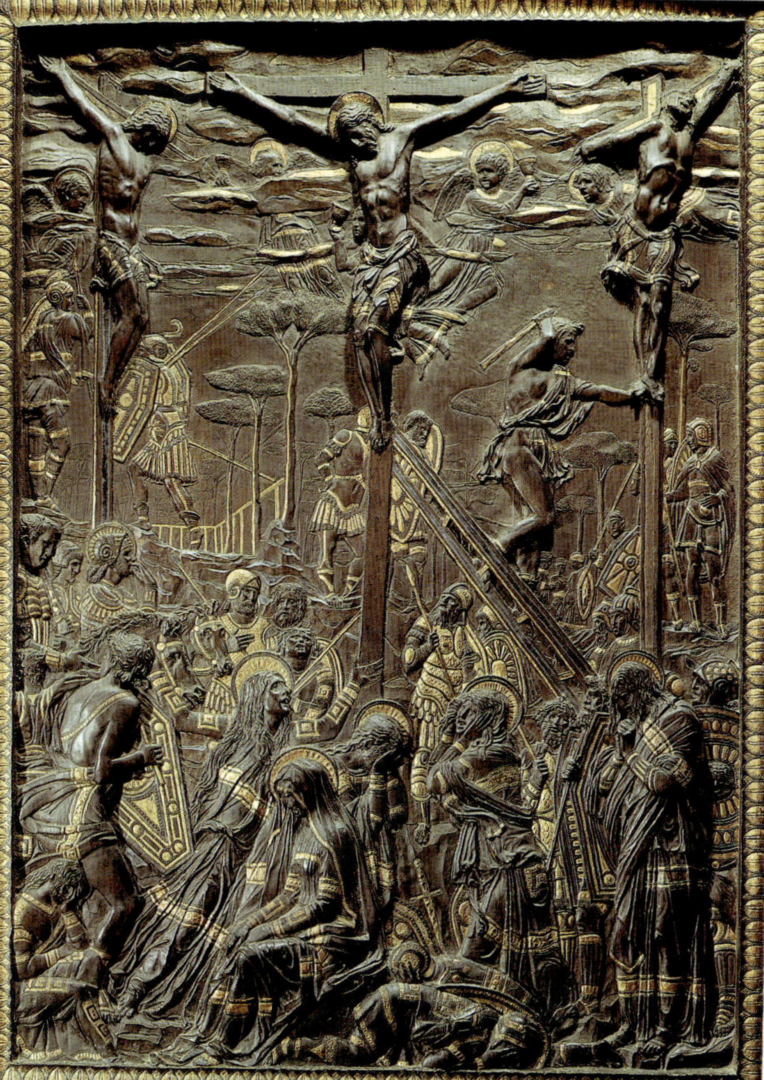

giovanni bellini

óleo sobre tabla

h. 1465–1470

museo del louvre, parís

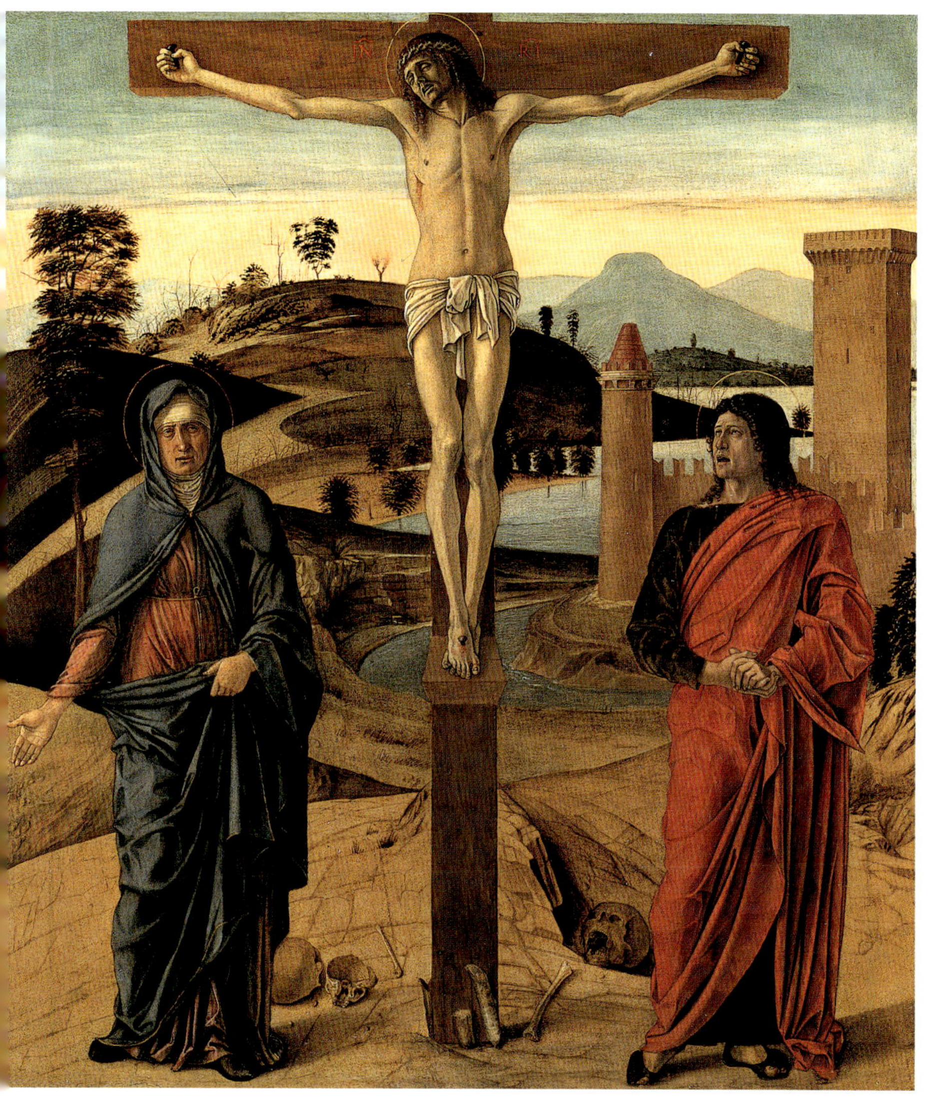

escuela renana

óleo sobre tabla

h. 1470–1480

städelsches kunstinstitut,

fráncfort del meno

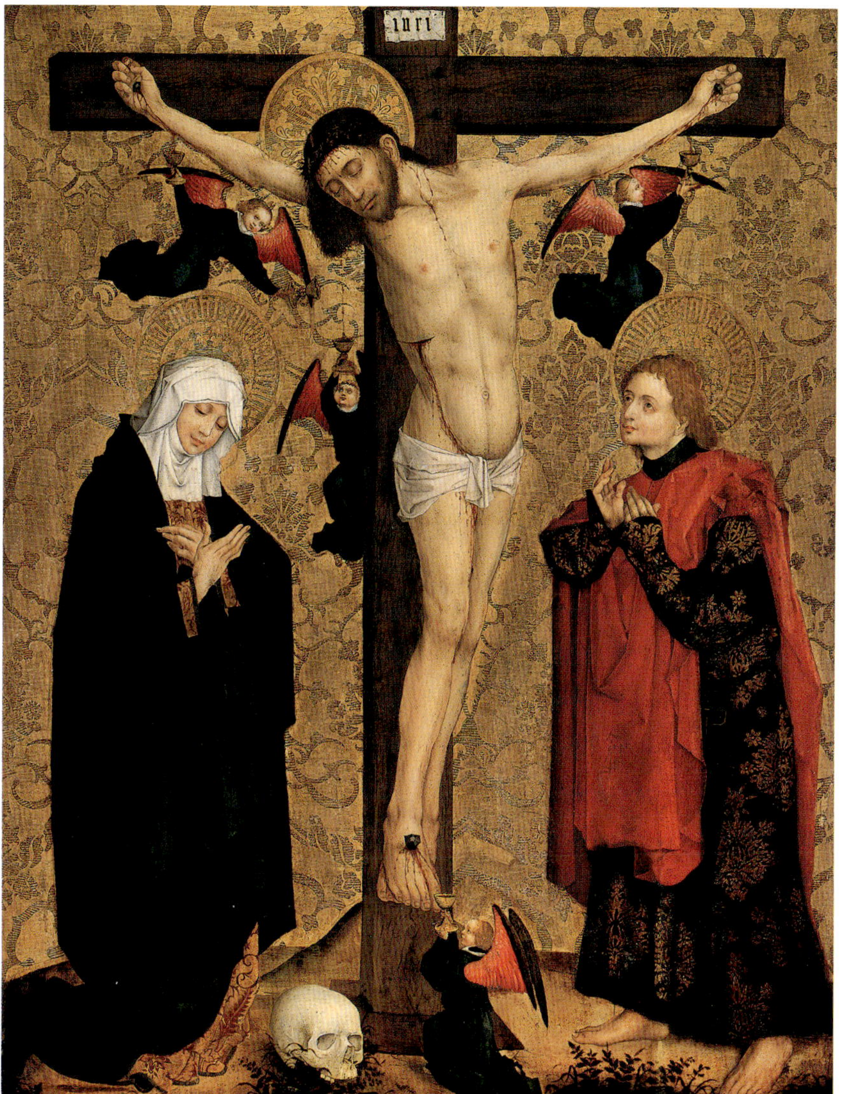

antonello da messina

óleo sobre tabla

1475

koninklijk museum voor schone kunsten,

amberes

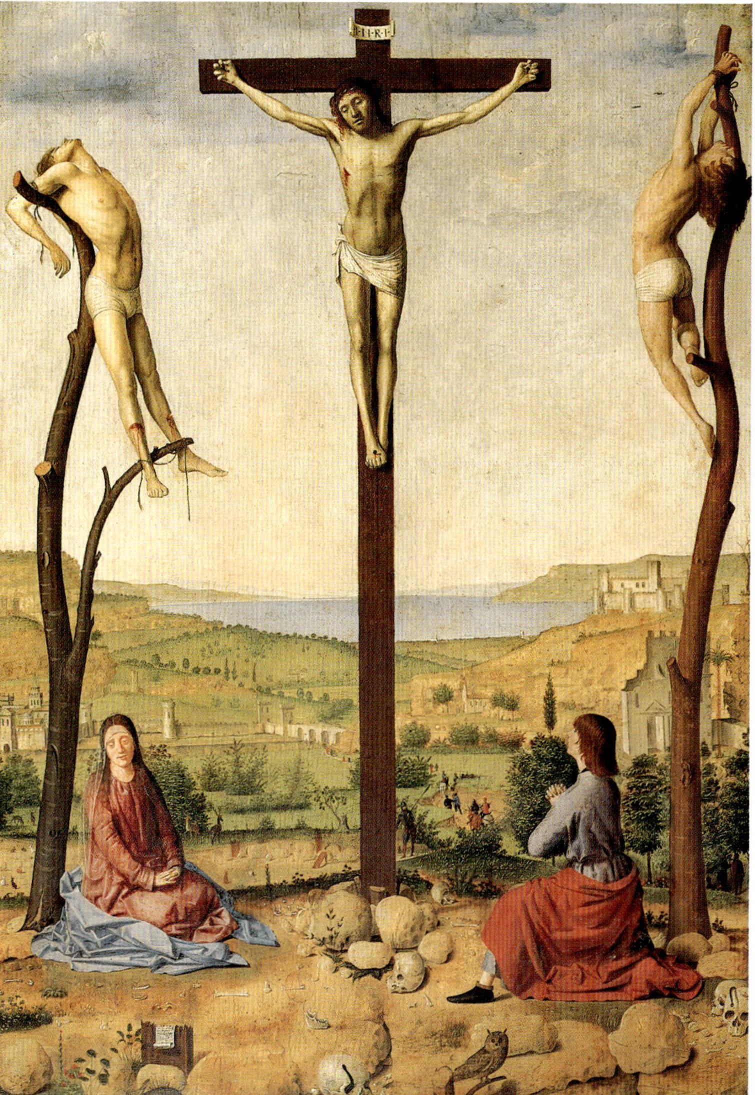

I·N·R·I

pietro perugino

óleo sobre tabla

h. 1485

national gallery of art, washington dc

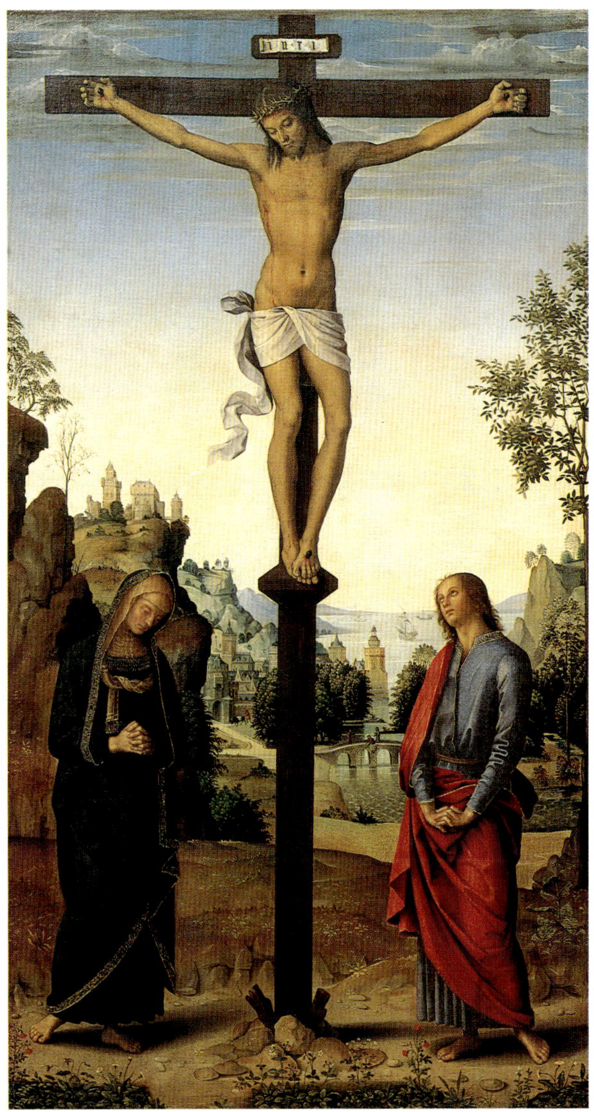

alberto durero

tinta negra sobre papel

1486

museo del louvre, parís

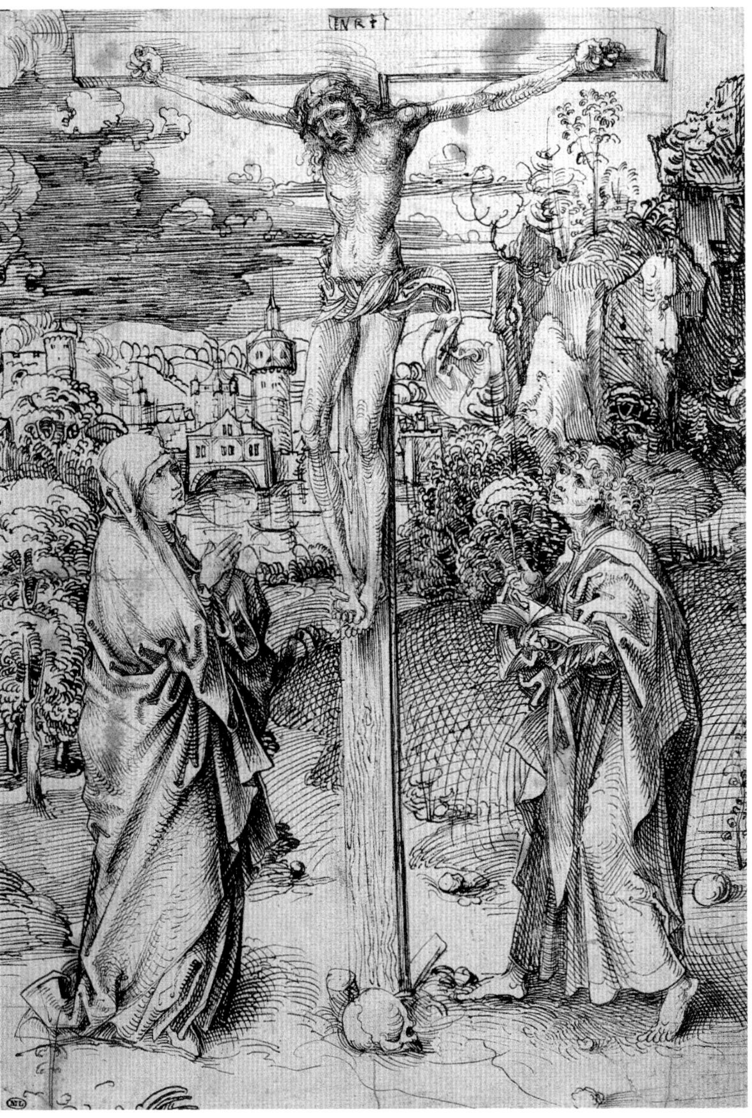

INRI

carlo crivelli

óleo sobre tabla

1490–1491

pinacoteca de brera, milán

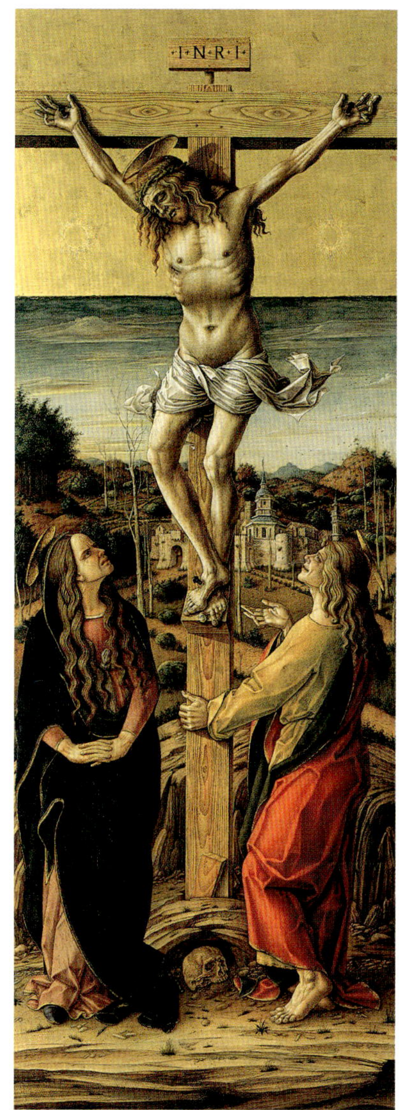
· I · N · R · I ·

escuela inglesa

relieve en alabastro

finales del siglo xv

victoria and albert museum, londres

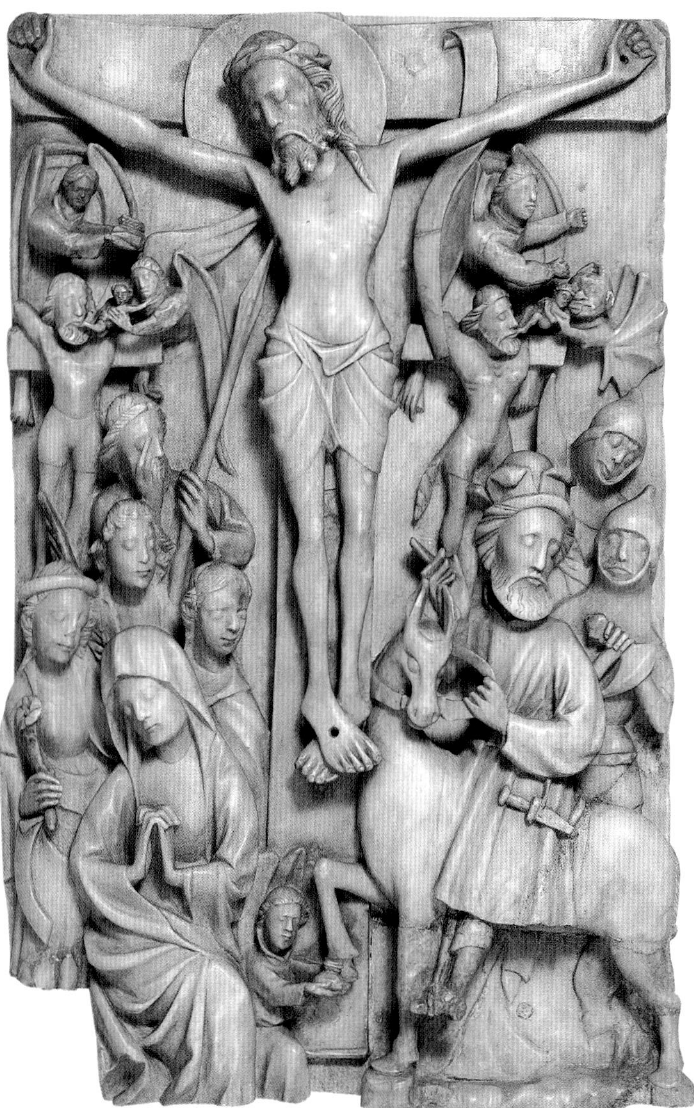

maestro del antiguo libro de oraciones
de maximiliano i
manuscrito iluminado
h. 1497–1500
museo de arte de cleveland

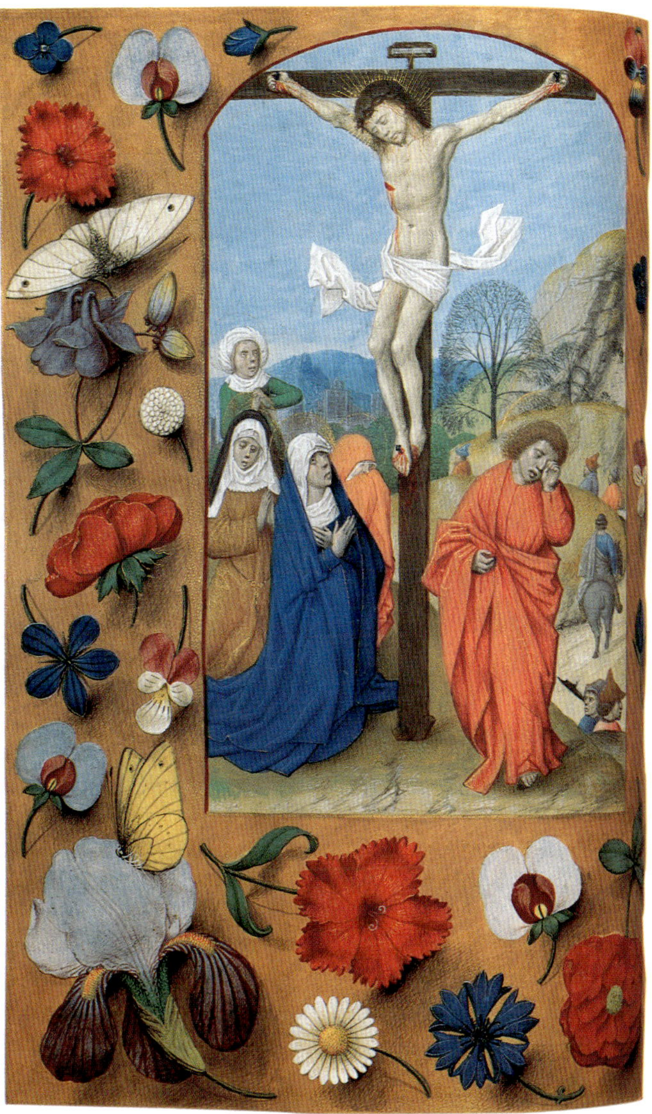

josse lieferinxe

óleo sobre tabla

h. 1500–1505

museo del louvre, parís

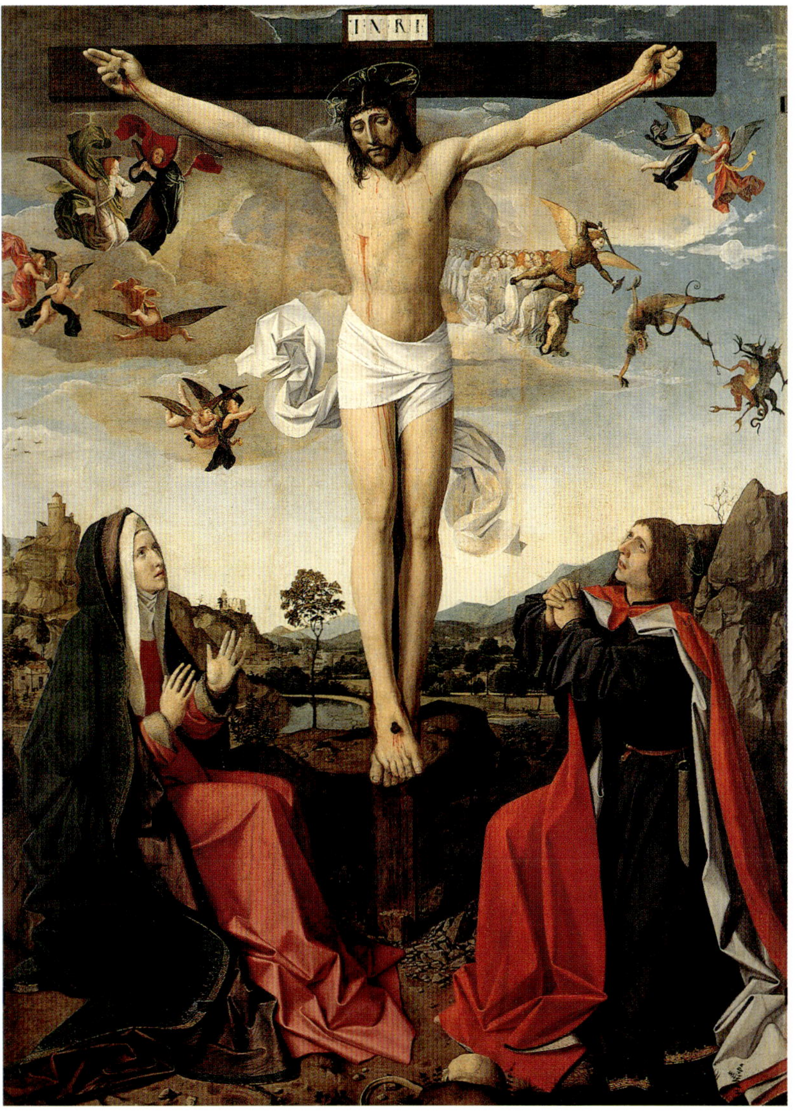
INRI

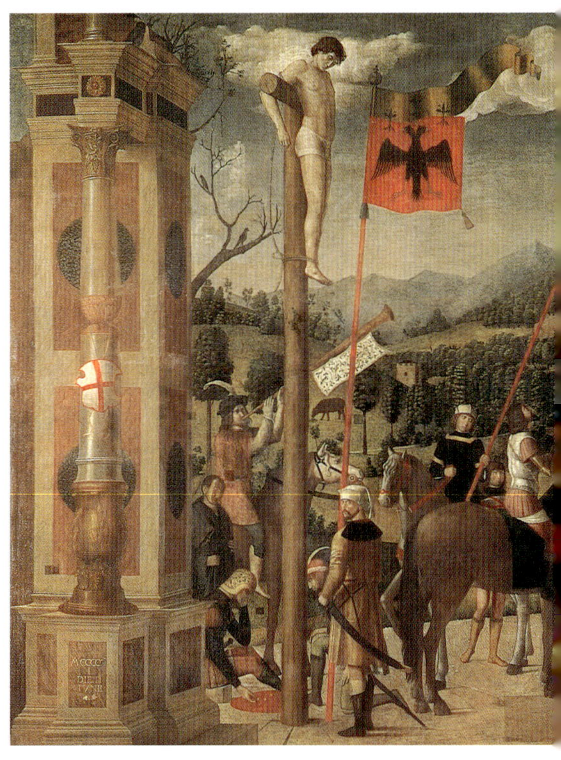

una vez crucificado jesús, los soldados se
repartieron sus vestiduras y, según el
evangelio de san juan (19: 23–25), echaron a
suertes la túnica sin costuras. era costumbre
que las prendas de vestir de los condenados
a muerte se las quedaran sus verdugos. los
soldados aparecen a menudo jugando a
los dados a los pies de la cruz o en una
esquina del cuadro, como en este caso.

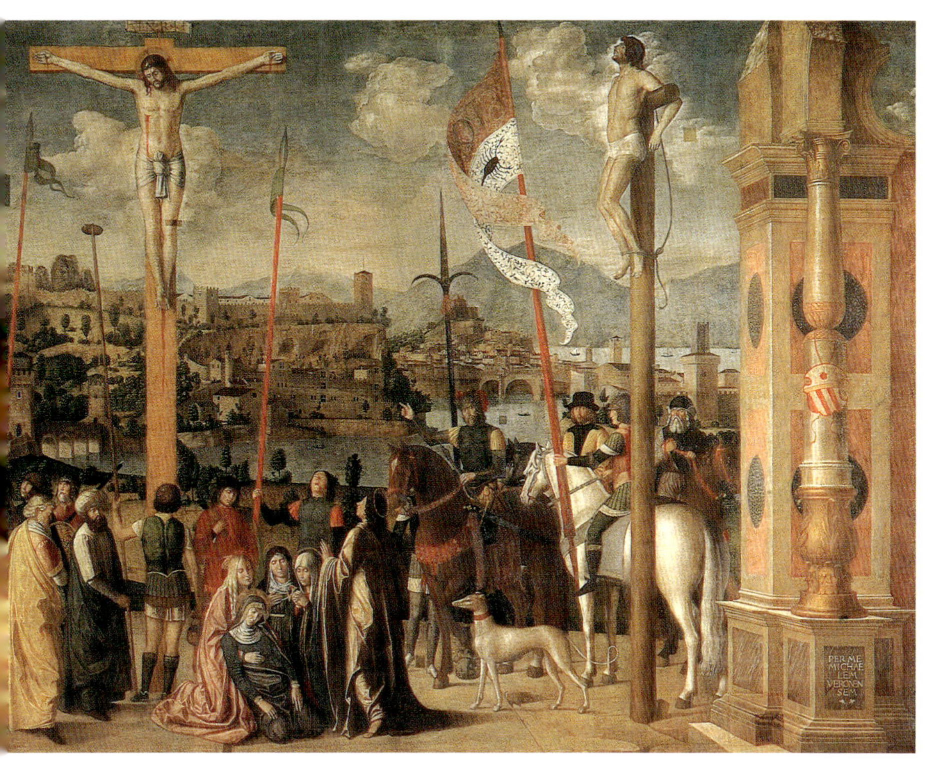

michele da verona

óleo sobre lienzo

1501

pinacoteca de brera, milán

andrea solario

pintura al temple y óleo sobre tabla

1503

museo del louvre, parís

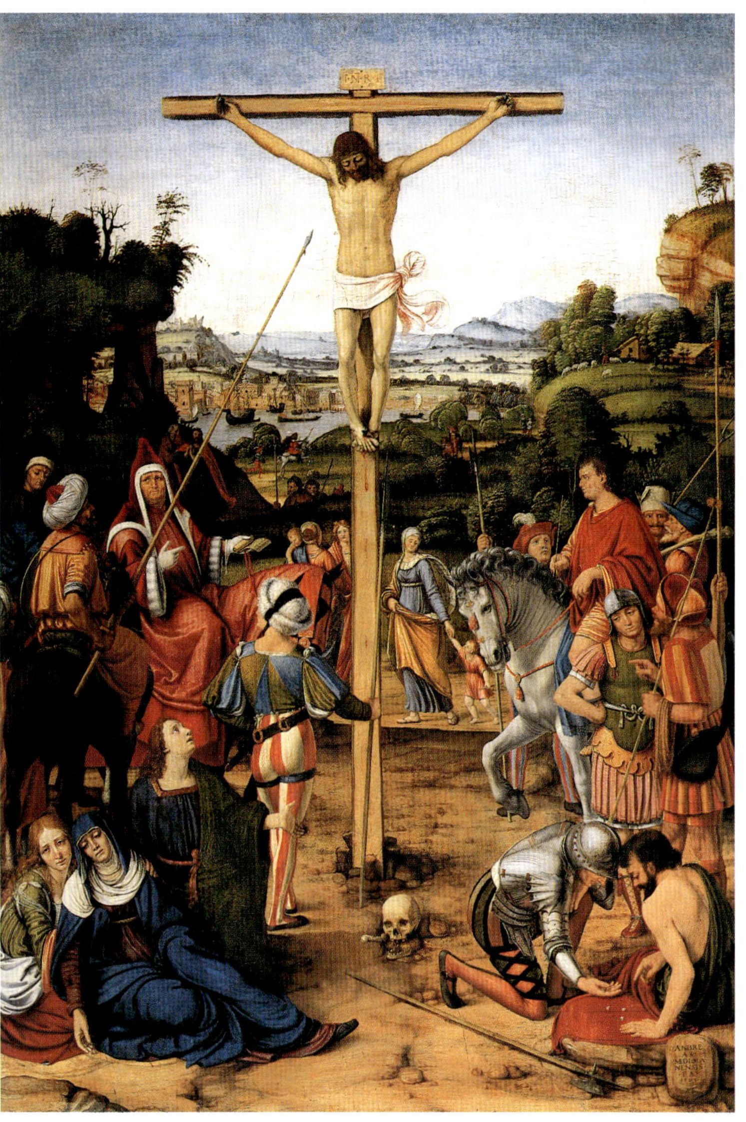

estamos ante una composición muy formal
de rafael, en la que recupera la antigua
tradición de situar el sol y la luna a ambos
lados de jesús crucificado. este simbolismo
se interpreta de muchas maneras: las
dos naturalezas de cristo (dios y hombre),
el nuevo y el antiguo testamento,
o la convulsión del cielo que se produjo,
según los evangelios, mientras estaba
jesús en la cruz.

rafael
óleo sobre tabla
h. 1503
national gallery, londres

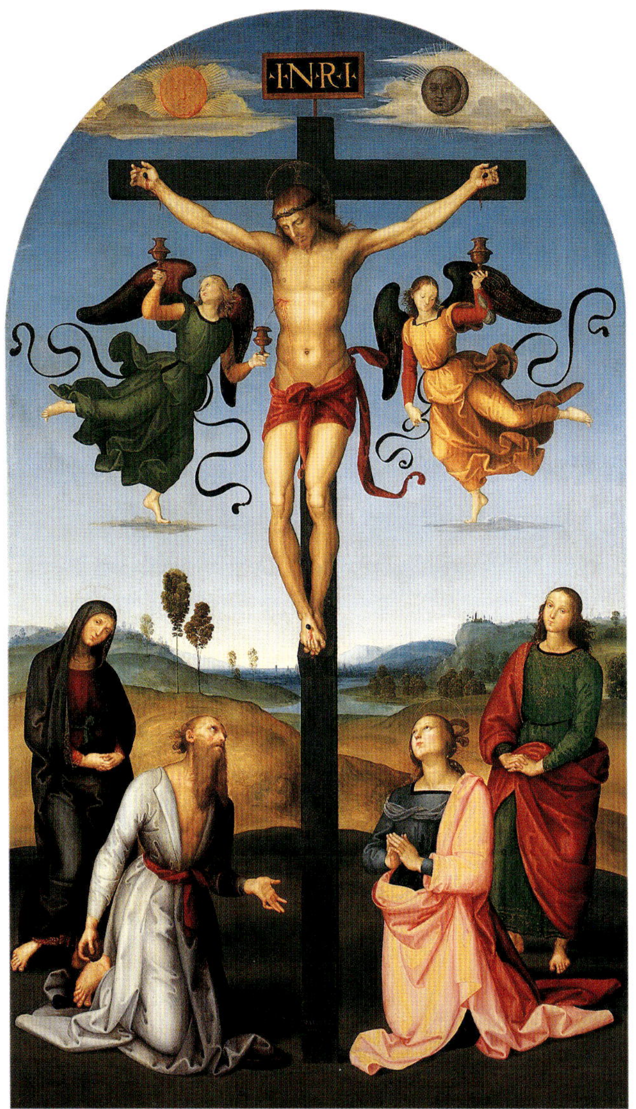

esta pintura de cranach sobre la crucifixión
es extraña y, al mismo tiempo, está llena
de fuerza. la escena se contempla a ras de
suelo, como si se estuviera representando
sobre un escenario; cranach podría haberse
inspirado en las escenificaciones coetáneas
de la pasión, que representaban los
acontecimientos relacionados con la
muerte y la resurrección de cristo.

lucas cranach el viejo
óleo sobre tabla
1503
alte pinakothek, múnich

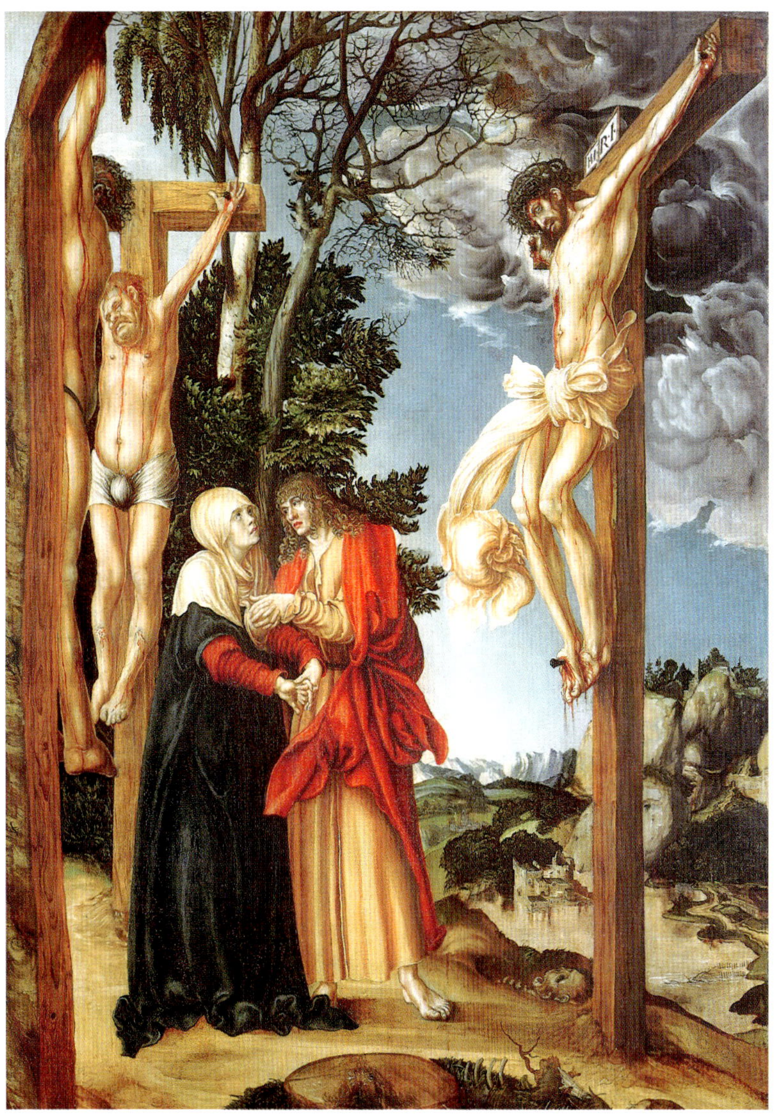
INRI

1508

alberto durero

grabado

1508

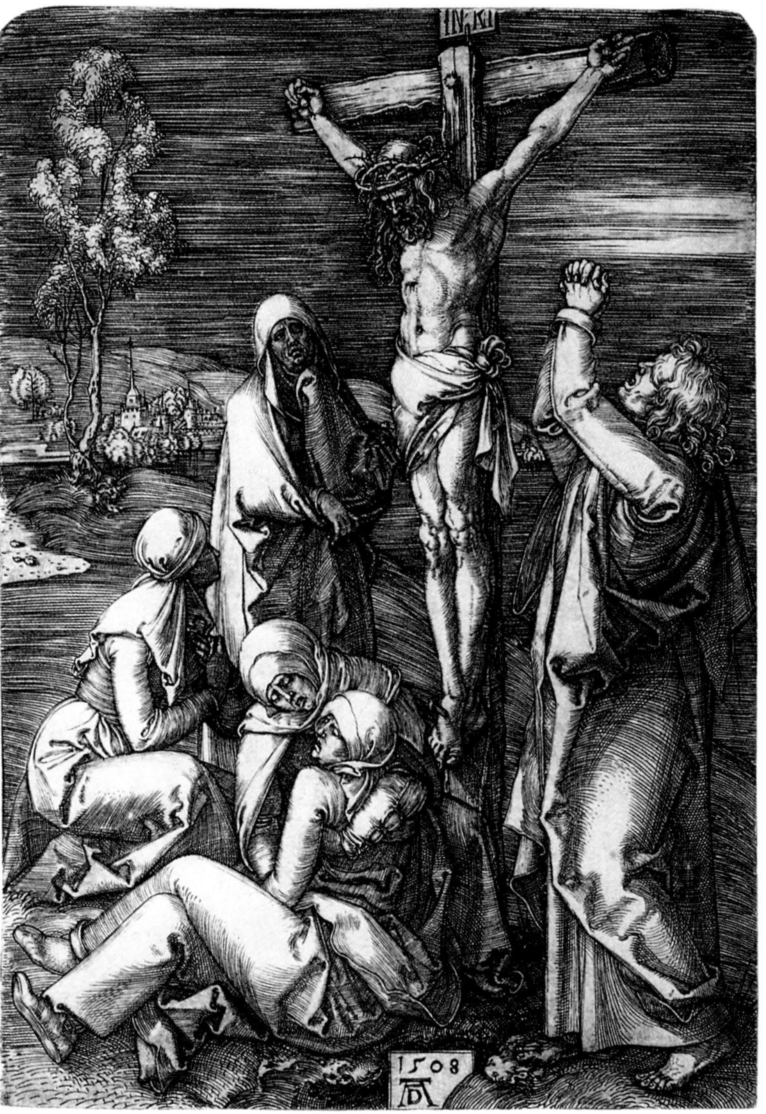

maestro de delft

óleo sobre tabla

h. 1510

national gallery, londres

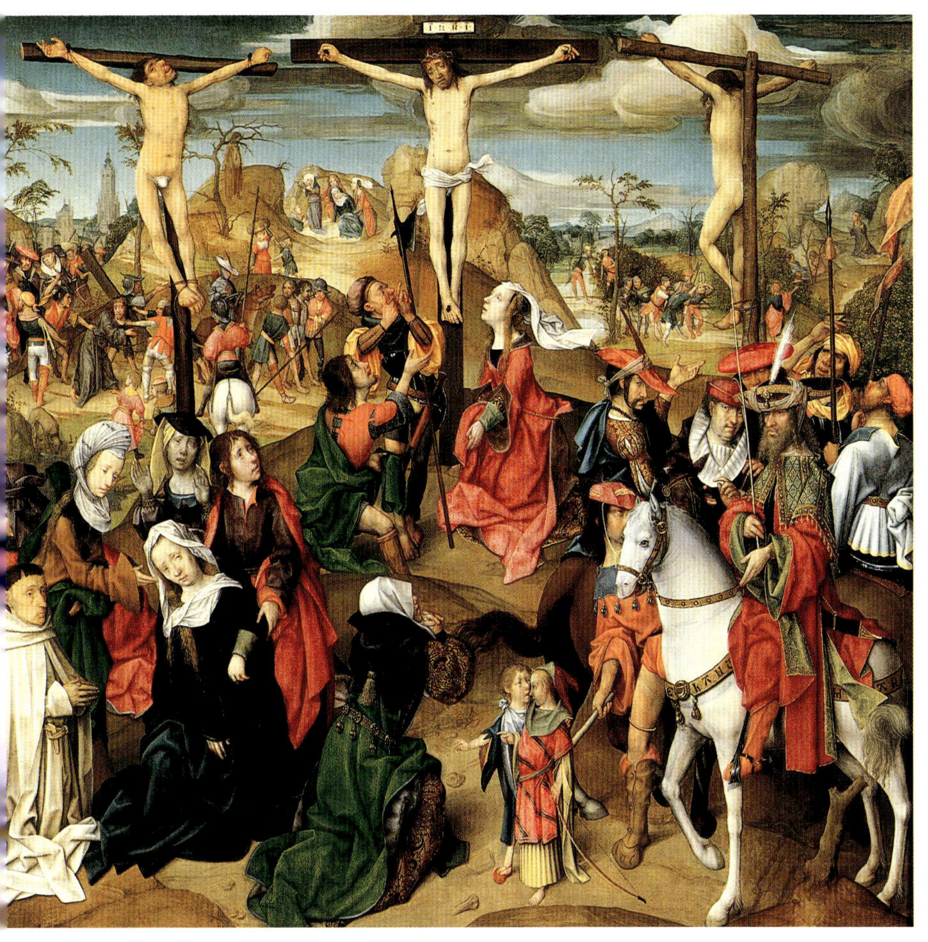

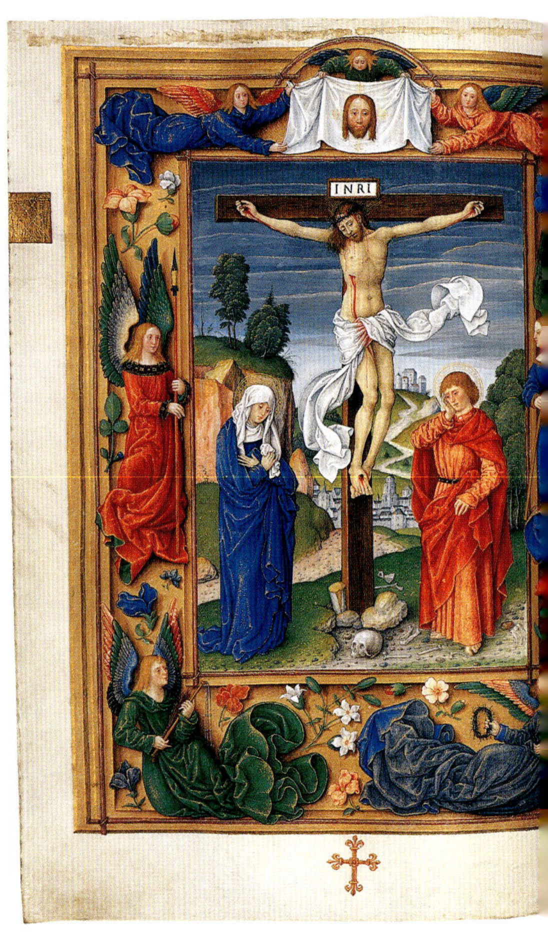

jakob elsner

manuscrito iluminado

1513

germanisches nationalmuseum, nuremberg

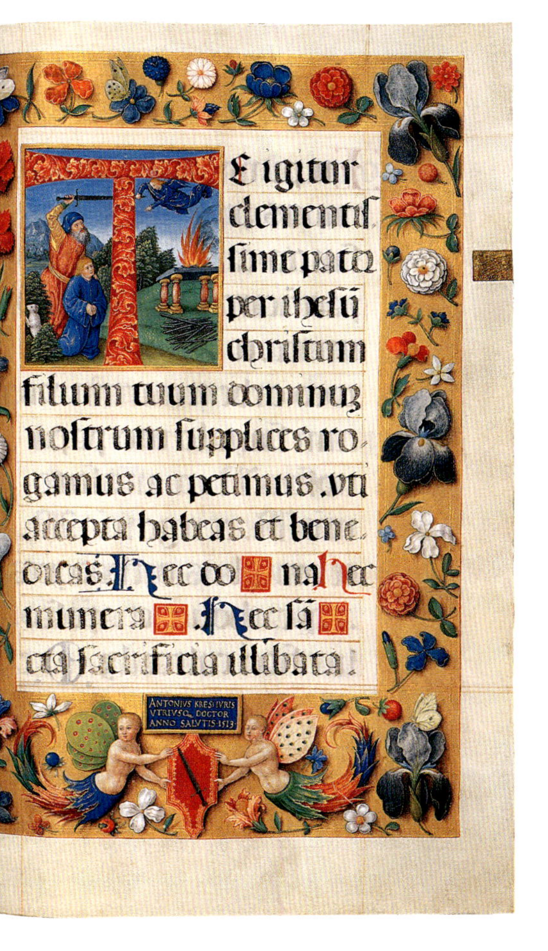

Te igitur clementissime pater per ihesum christum filium tuum dominum nostrum supplices rogamus ac petimus, vti accepta habeas et benedicas. Hec dona hec munera hec sancta sacrificia illibata.

escuela de nuremberg

vidriera policroma

1514

detroit institute of arts

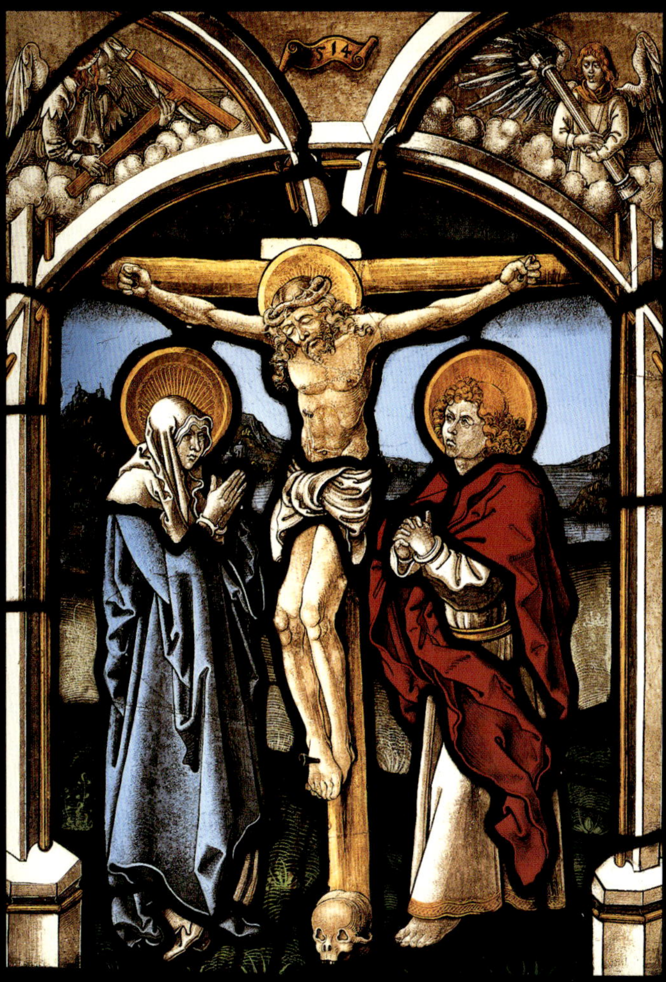

514

ninguna representación de cristo
crucificado iguala la fuerza emocional de
este retablo de grünewald para el
monasterio de san antonio de isenheim, que
constituye un vívido retrato de la agonía
física y de la violencia implícita en la
crucifixión. aparte del jesús atormentado y
sangrante, es inusual que estén presentes
en este acto san juan bautista y el cordero
pascual (símbolo del sacrificio de cristo).

matthias grünewald
óleo sobre tabla
1515
museo de unterlinden, colmar

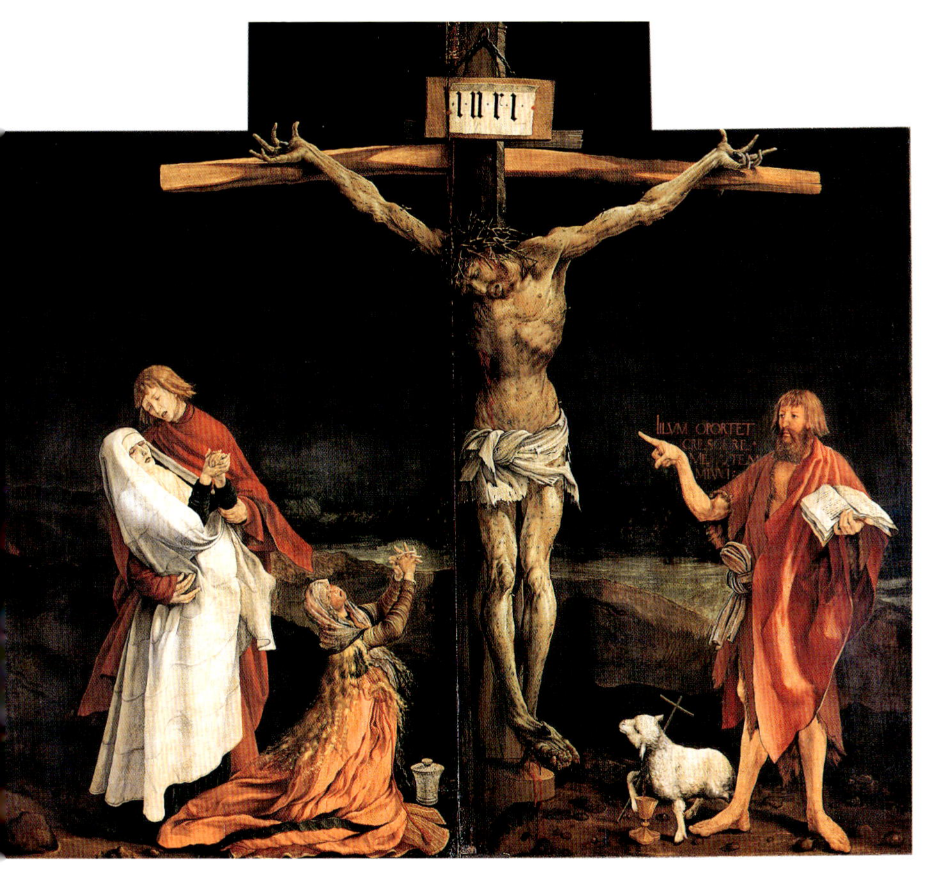
ILLVM OPORTET
CRESCERE
ME AVTEM
MINVI

gerard david

óleo sobre tabla

h. 1515

gemäldegalerie, berlín

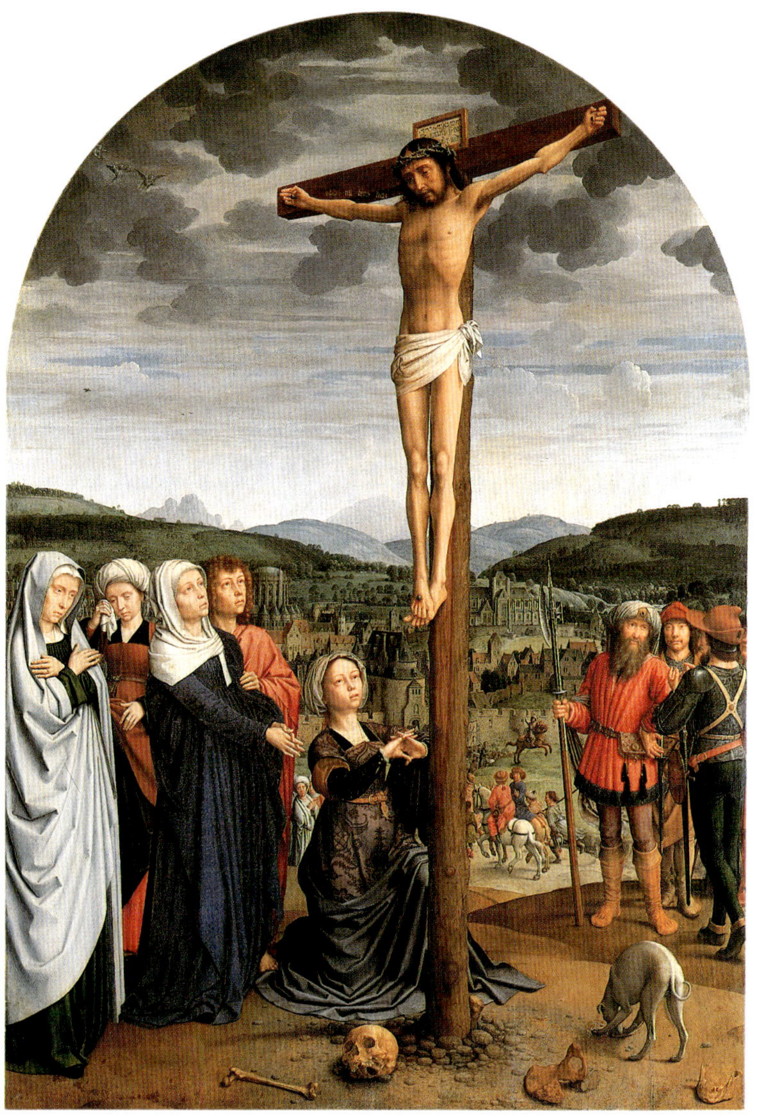

bramantino

óleo sobre lienzo

h. 1520

pinacoteca de brera, milán

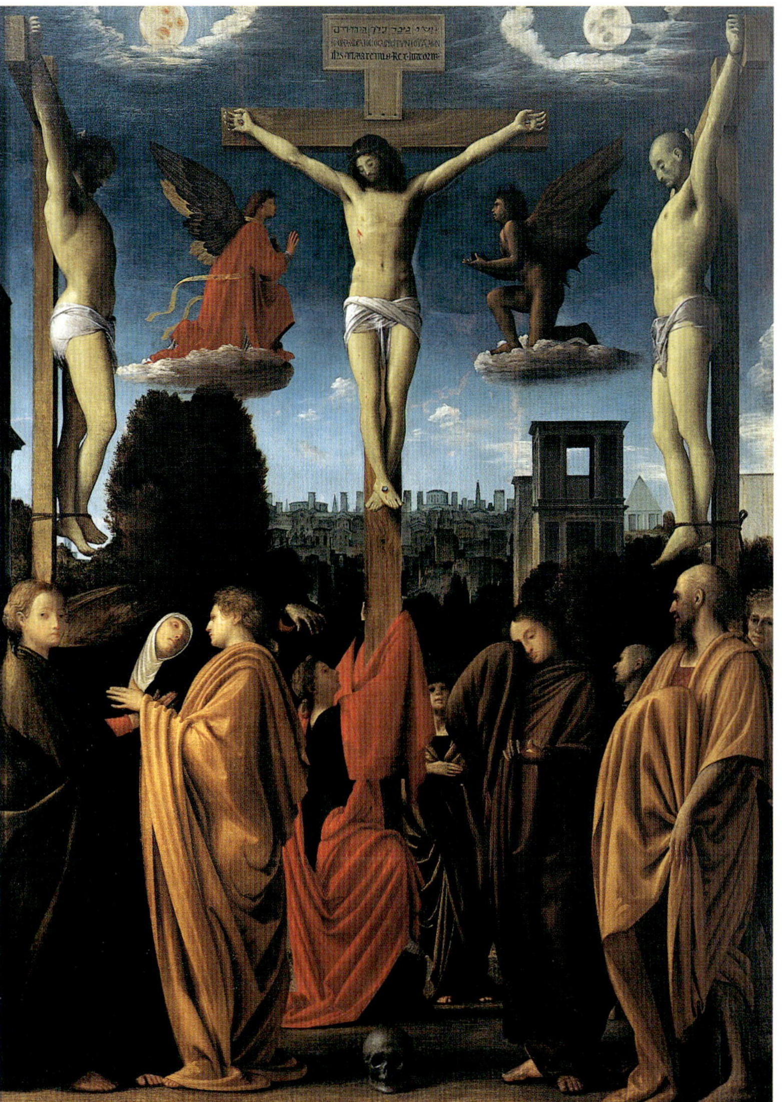

joos van cleve

óleo sobre tabla

1520

metropolitan museum of art, nueva york

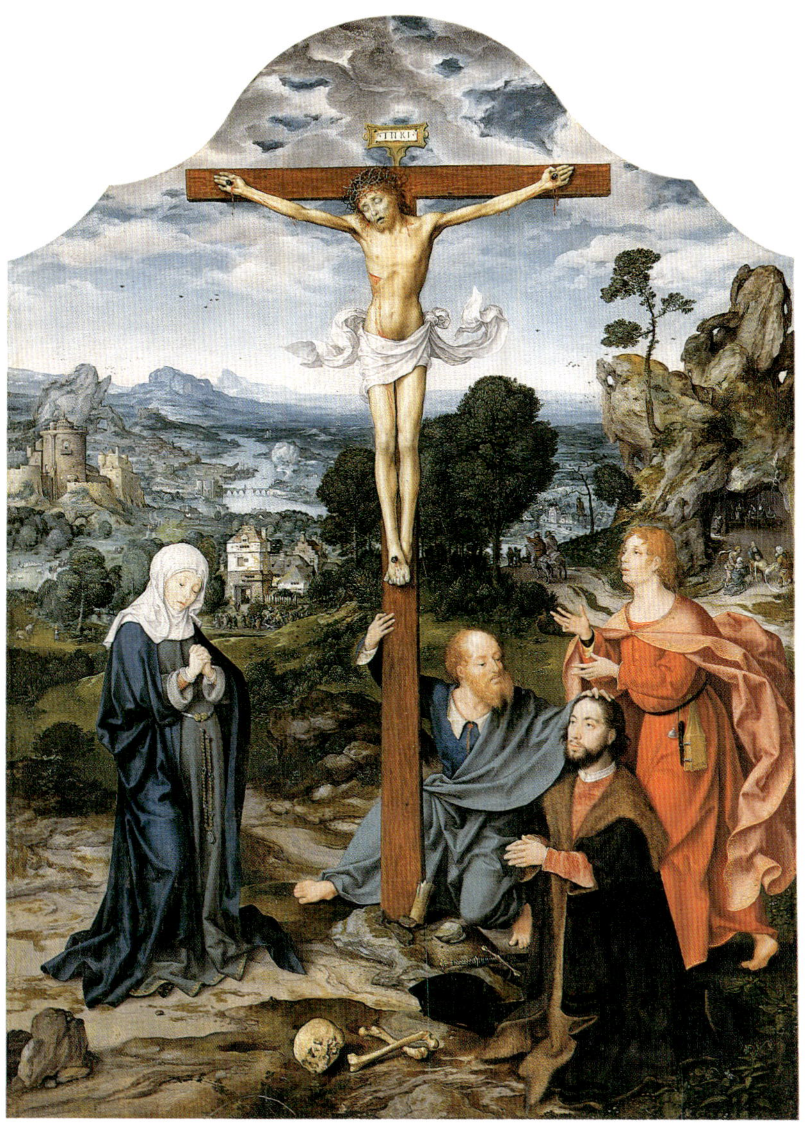

empieza a oscurecer mientras san juan y
josé de arimatea se llevan a la afligida
maría. los verdugos, los soldados y los
espectadores ya se han dispersado, y el
cielo se llena de nubes siniestras sobre la
cruz. maría magdalena está sentada sola
en primer plano, con la espalda hacia el
observador, como si contemplara la jarra de
ungüento y las vendas que se utilizarán
después para preparar el cuerpo.

albrecht altdorfer
óleo sobre tabla
h. 1526
gemäldegalerie, berlín

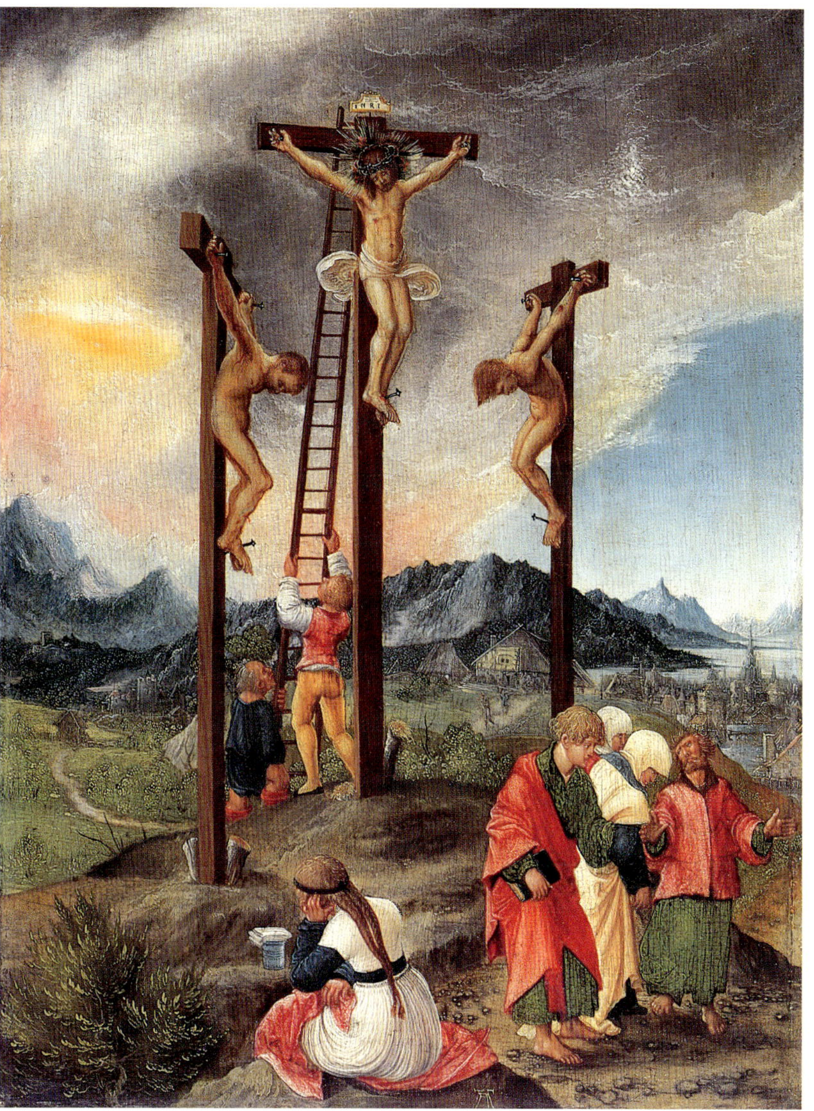

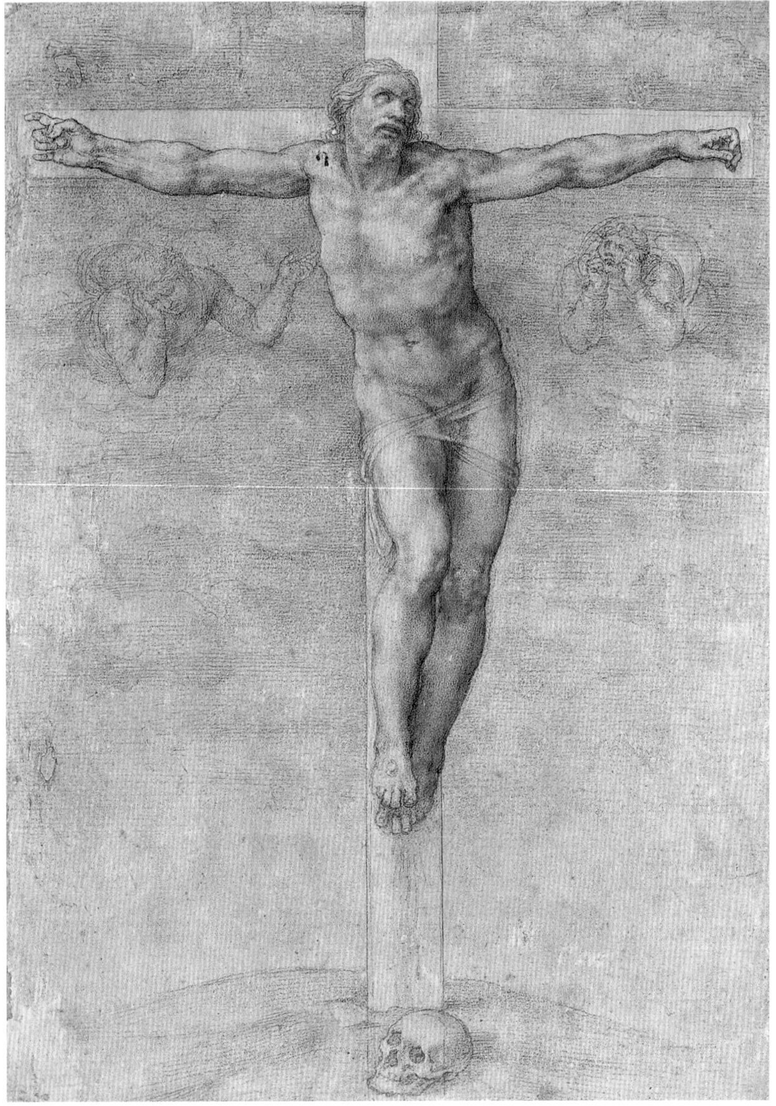

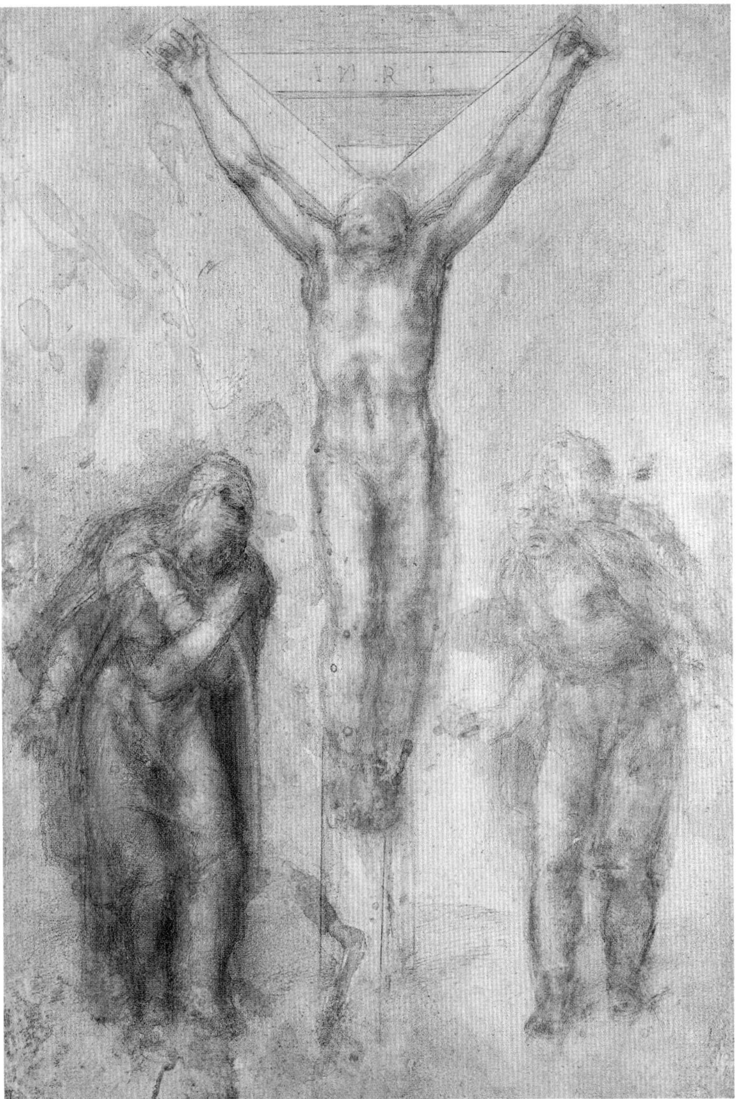

(páginas anteriores)
miguel ángel
tiza negra sobre papel
h. 1539–1541
museo británico, londres

miguel ángel
tiza negra realzada con blanco sobre papel
h. 1550–1555
museo británico, londres

peter de kempeneer
óleo sobre lienzo adosado a tabla
h. 1550
museo del louvre, parís

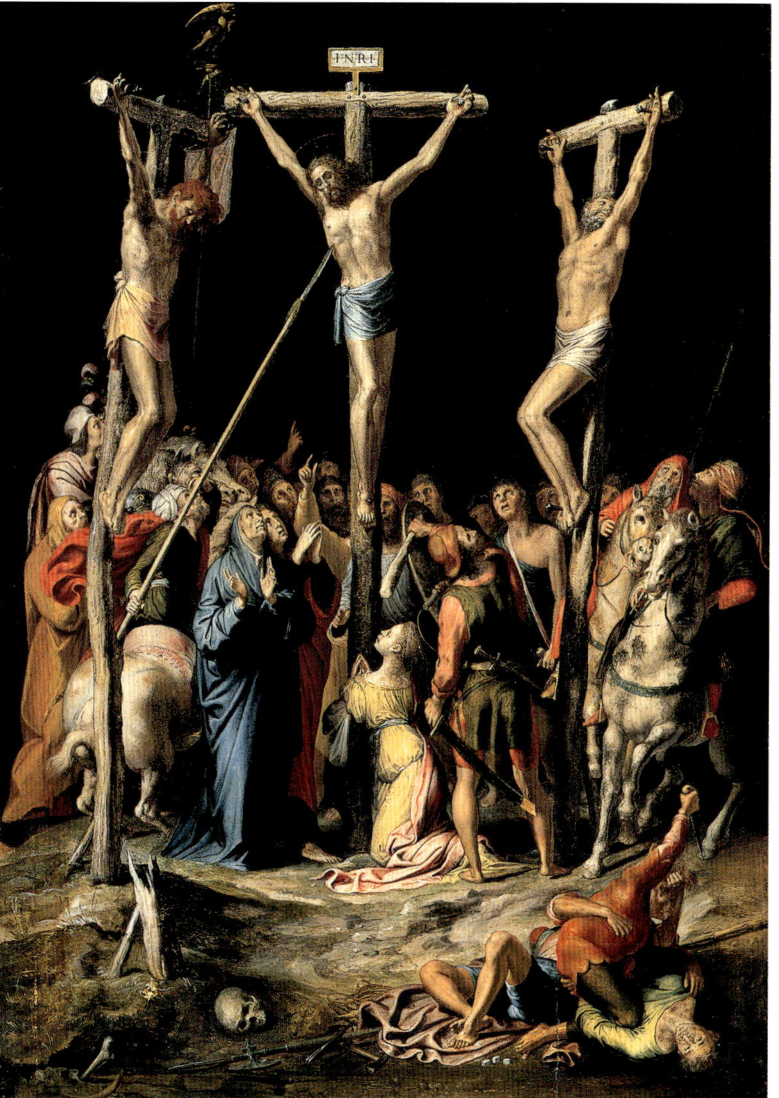

I·N·R·I

tiziano

óleo sobre lienzo

1558

san domenico, ancona

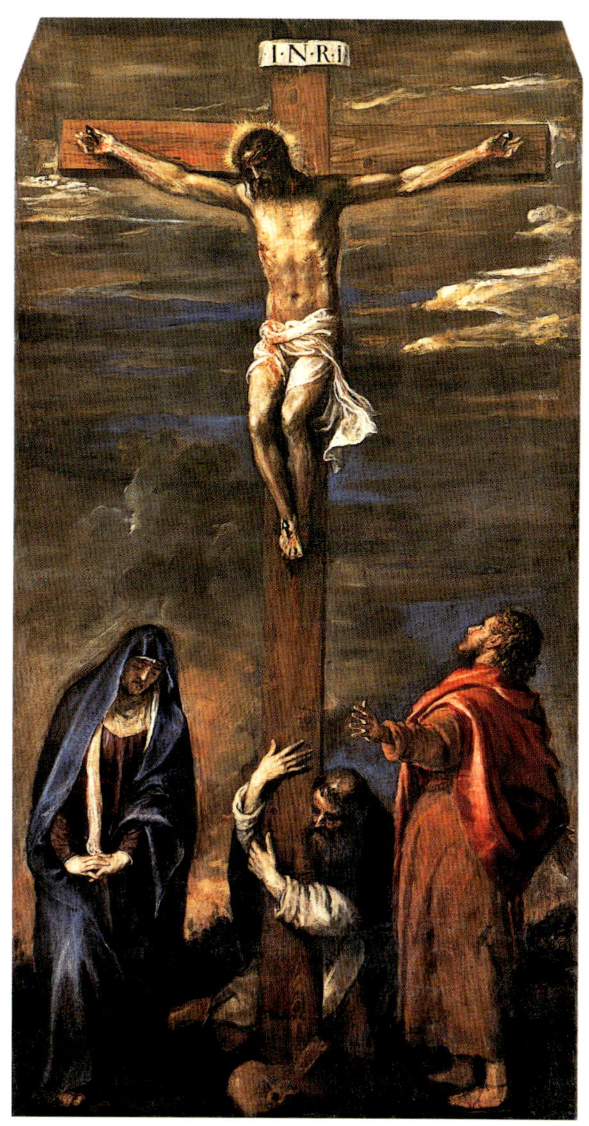

I·N·R·I

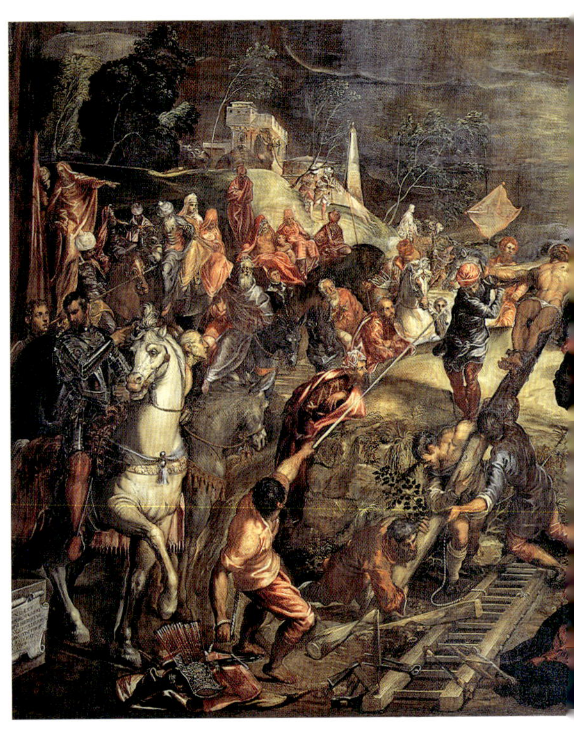

en 1882 henry james, intimidado por la
gran crucifixión de tintoretto, escribió:
«seguramente, no hay ningún otro cuadro
en el mundo que contenga más vida
humana; hay de todo en ella, incluida
la más exquisita belleza».

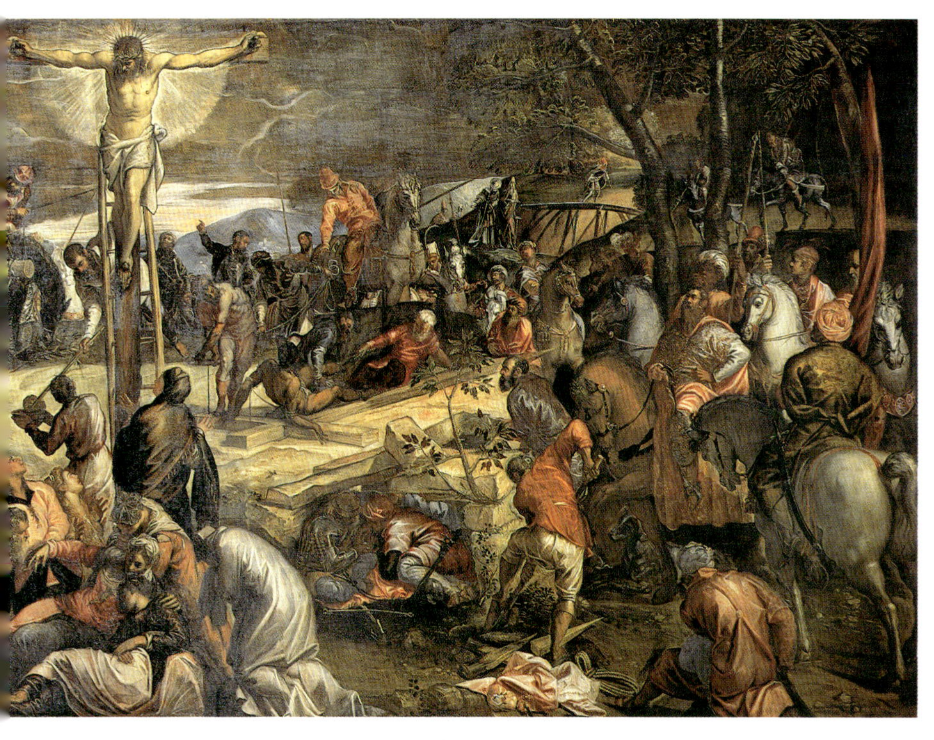

jacopo tintoretto

óleo sobre lienzo

1565

scuola grande di san rocco, venecia

el greco

óleo sobre lienzo

h. 1580–1585

museo del louvre, parís

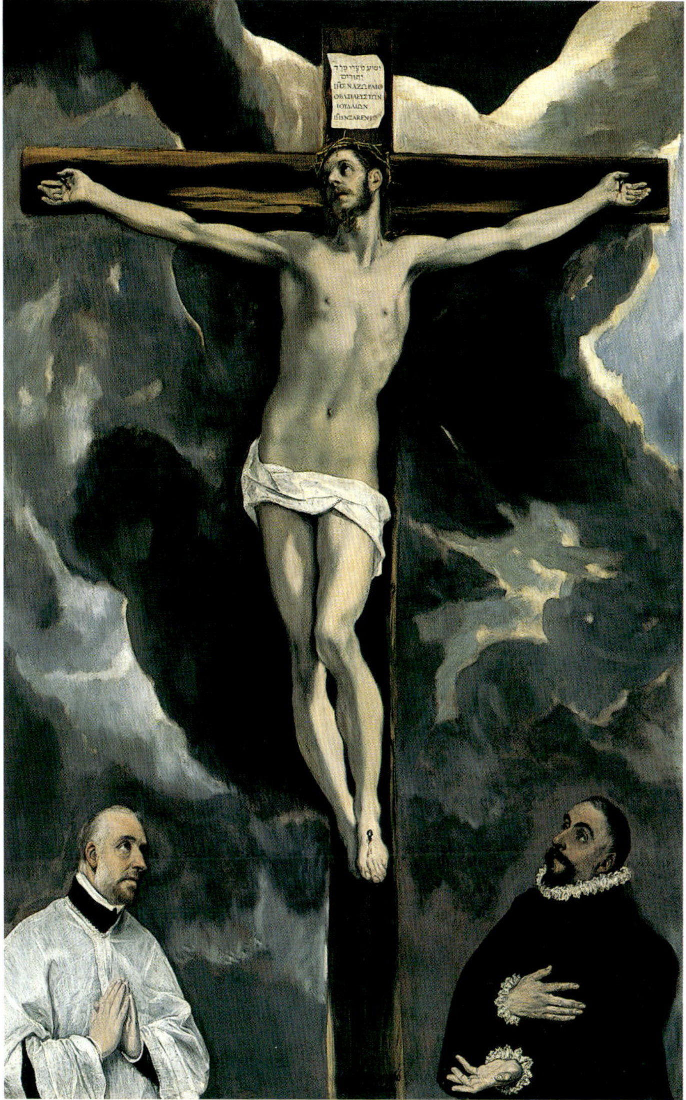

en el siglo xv se puso de moda representar a la virgen desplomándose en el suelo desmayada. este motivo fue condenado por el concilio de trento, que se celebró entre 1545 y 1563 para reforzar la doctrina de la iglesia católica frente al protestantismo. el concilio recordó a los artistas las palabras de san juan (19: 25): «junto a la cruz estaba en pie su madre». veronés, sin embargo, decidió a menudo ignorarlas.

veronés
óleo sobre lienzo
1584
museo del louvre, parís

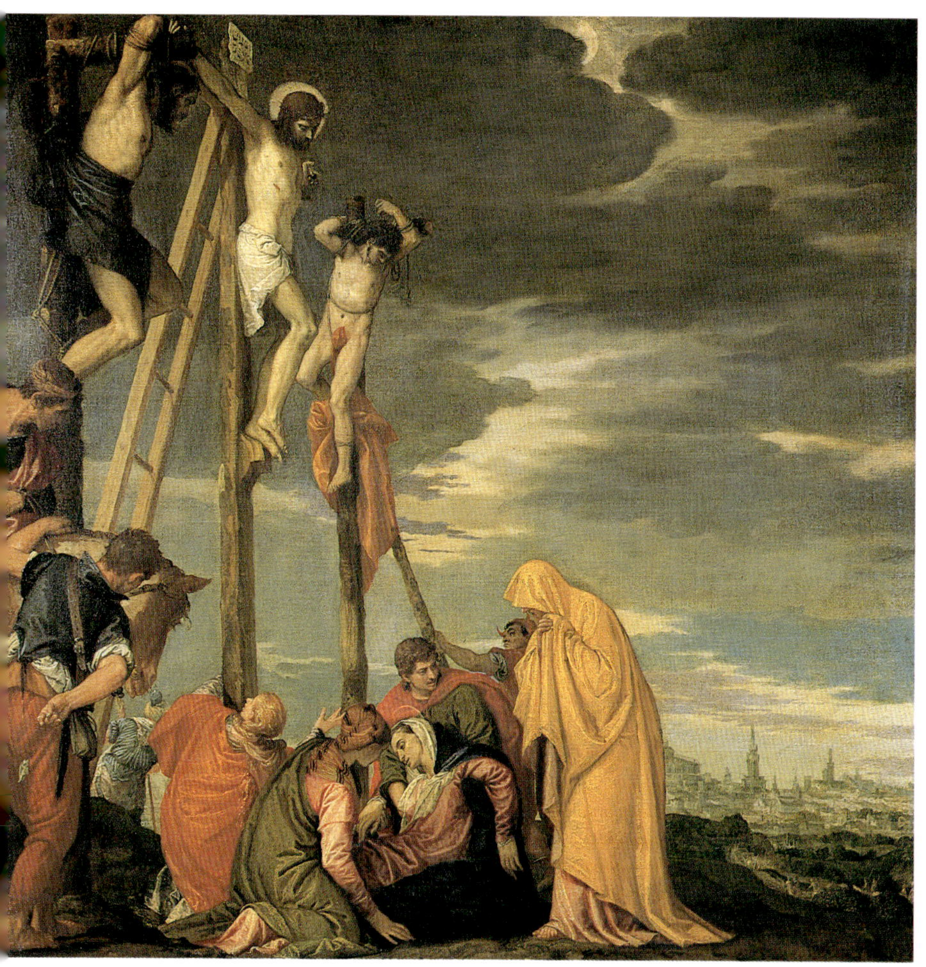

federico barocci

óleo sobre lienzo

h. 1590

palacio ducal, urbino

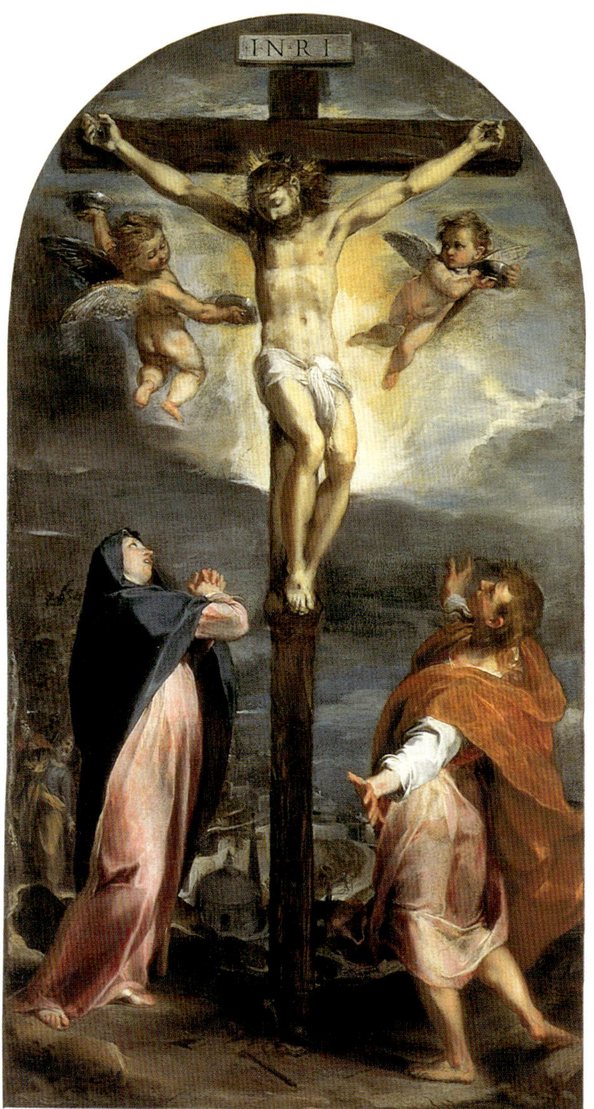

jan bruegel

óleo sobre tabla

1604

galería de los uffizi, florencia

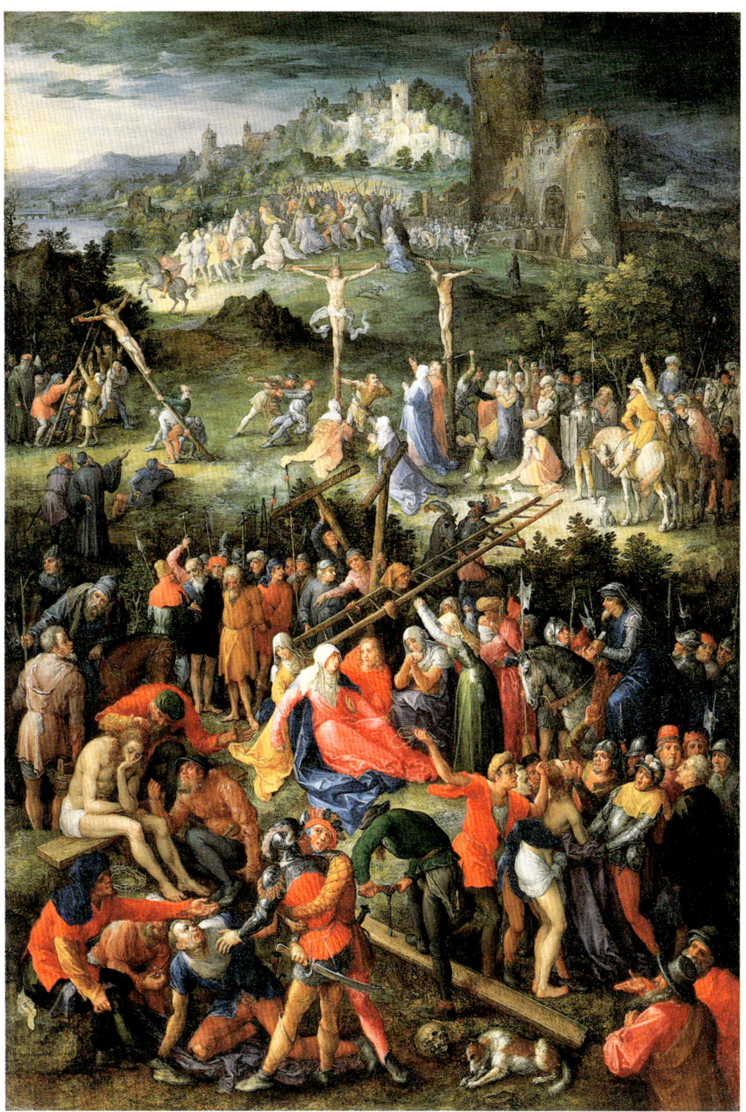

en el siglo xvii, los artistas prescindieron
de la multitud de personajes (santos,
centuriones, espectadores) que dominaba
las crucifixiones de los siglos xiv y xv. frente
a ello, muchos decidieron representar la
figura de cristo en solitario contra un
fondo oscuro: una imagen de gran fuerza
emocional y dramática.

pedro pablo rubens
óleo sobre tabla
h. 1612
alte pinakothek, múnich

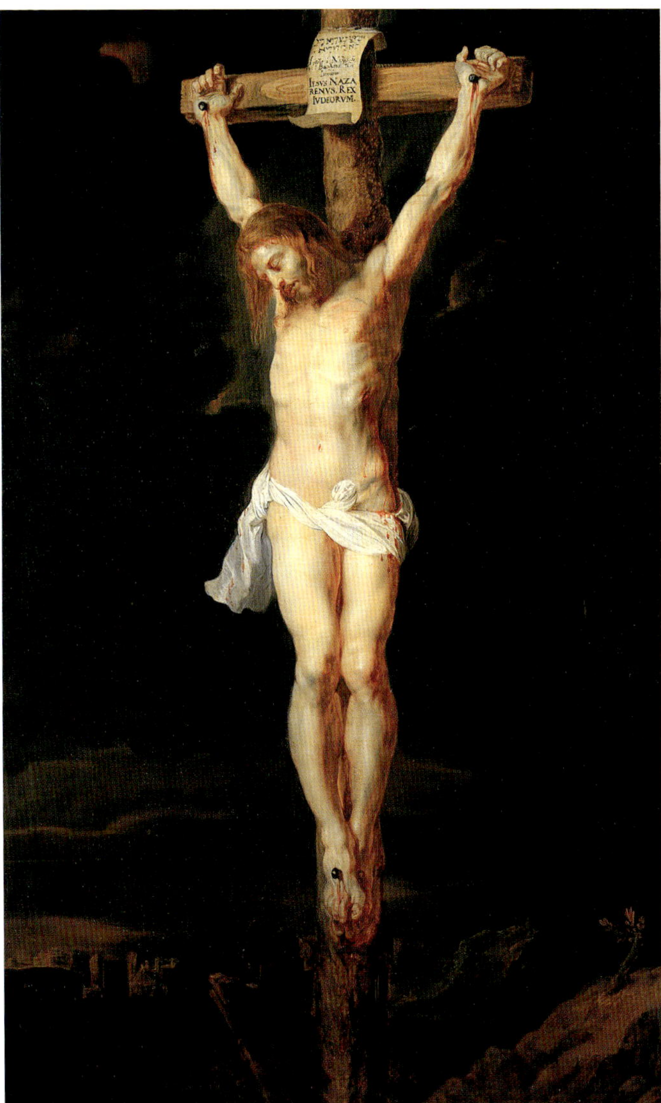

IESVS NAZA
RENVS. REX
IVDEORVM.

pedro pablo rubens

óleo sobre tabla

1620

koninklijk museum voor schone kunsten,

amberes

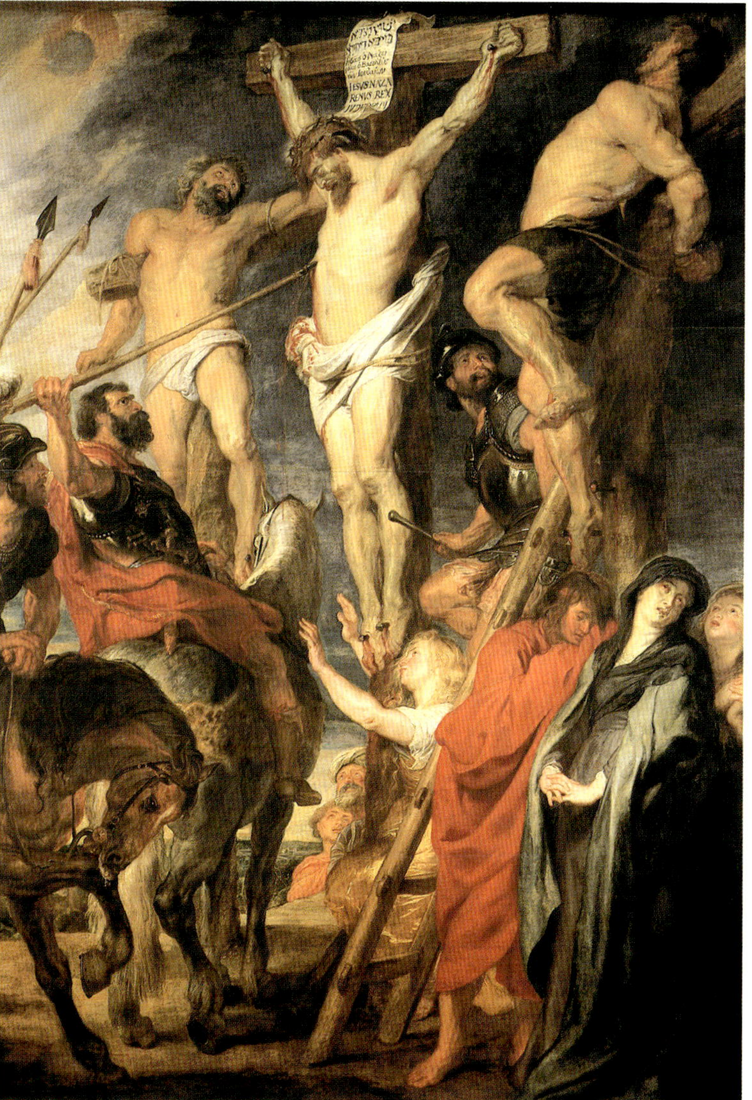

IESVS NAZA
RENVS REX
IVDÆORVM

guido reni

óleo sobre lienzo

1624

colección del duque de northumberland,

castillo de alnwick

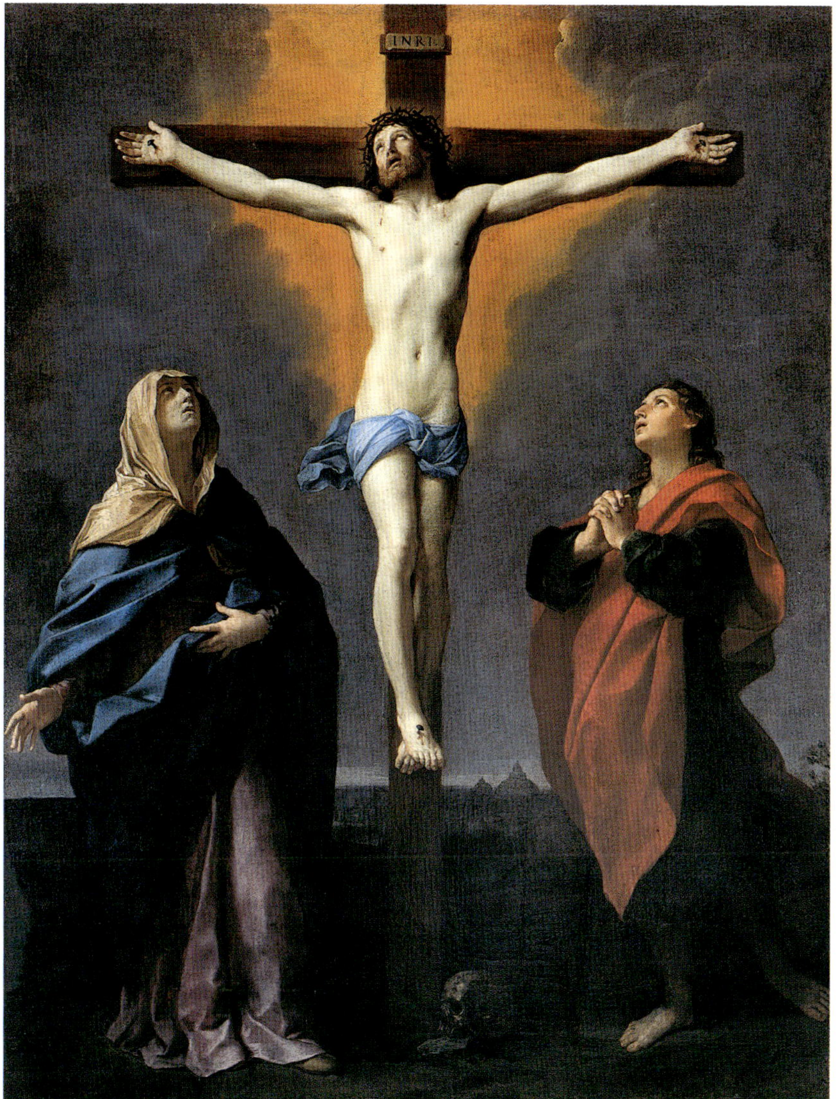
INRI

hendrick ter brugghen

óleo sobre lienzo

h. 1625

metropolitan museum of art, nueva york

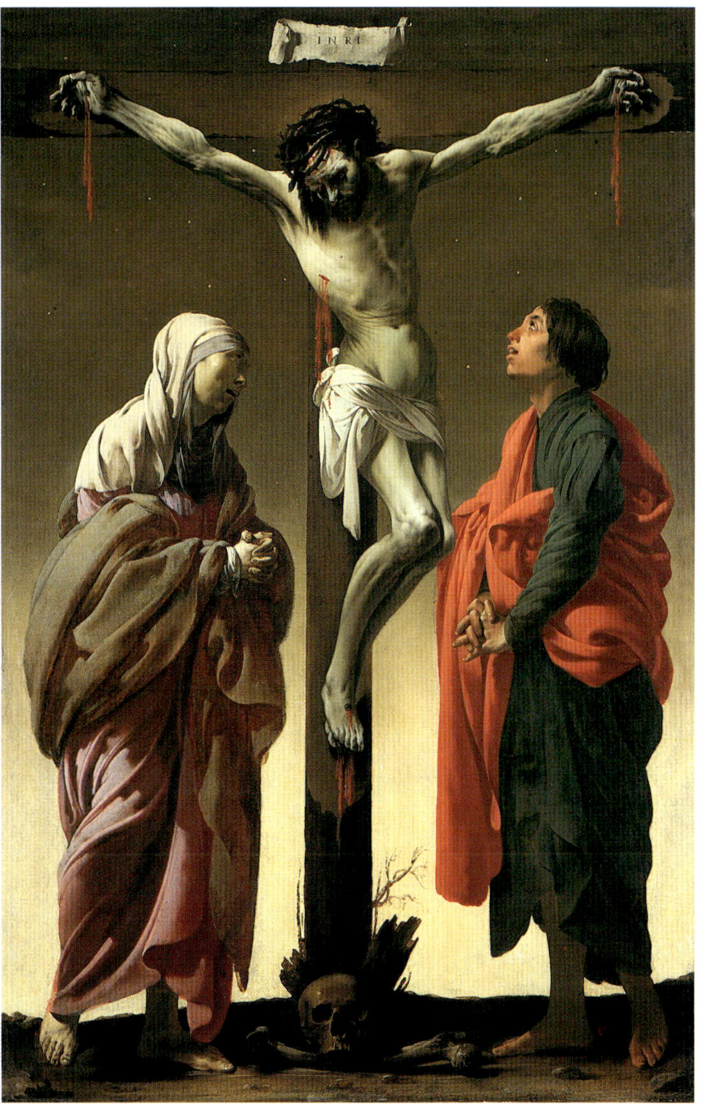

I N R I

francisco de zurbarán

óleo sobre lienzo

h. 1627–1629

museo de bellas artes, sevilla

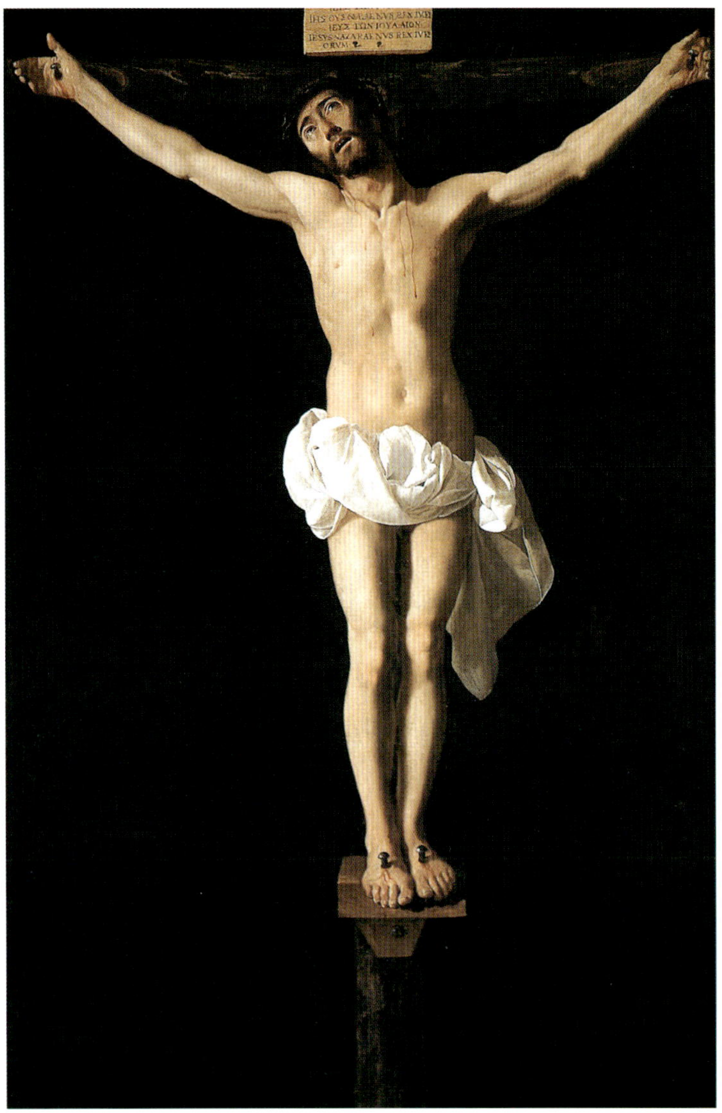

anthony van dyck

óleo sobre lienzo

h. 1630

museo del louvre, parís

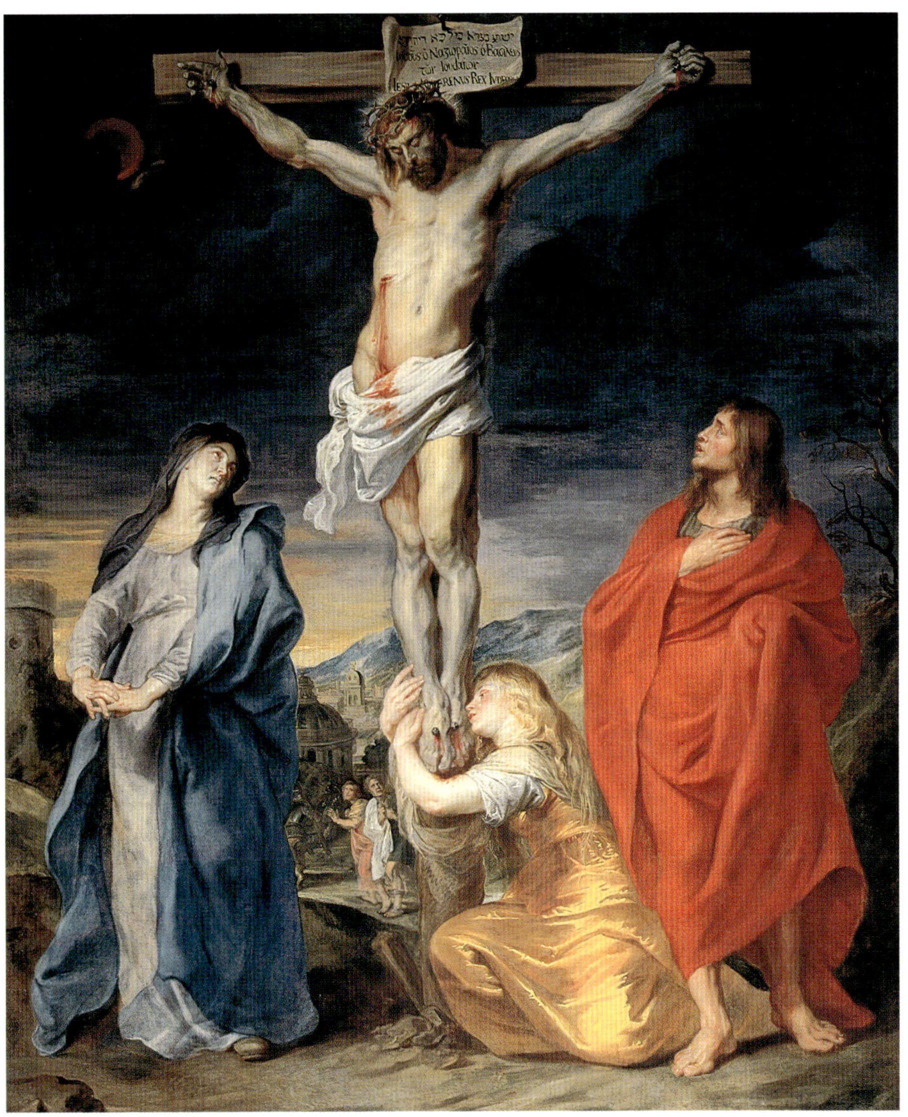
ישוע נצרא מלכא דיהודיא
Ἰησοῦς ὁ Ναζωραῖος ὁ Βασιλεὺς
τῶν Ἰουδαίων
IESVS NAZARENVS REX IVDÆORVM

diego velázquez

óleo sobre lienzo

h. 1631–1632

museo del prado, madrid

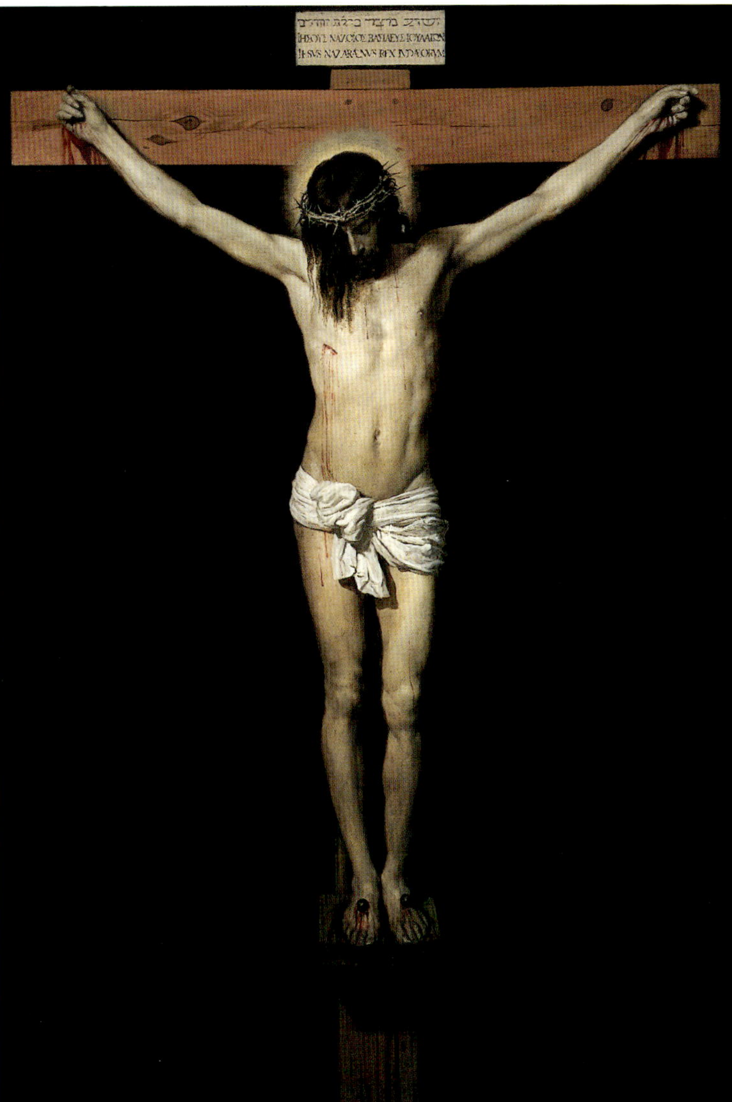

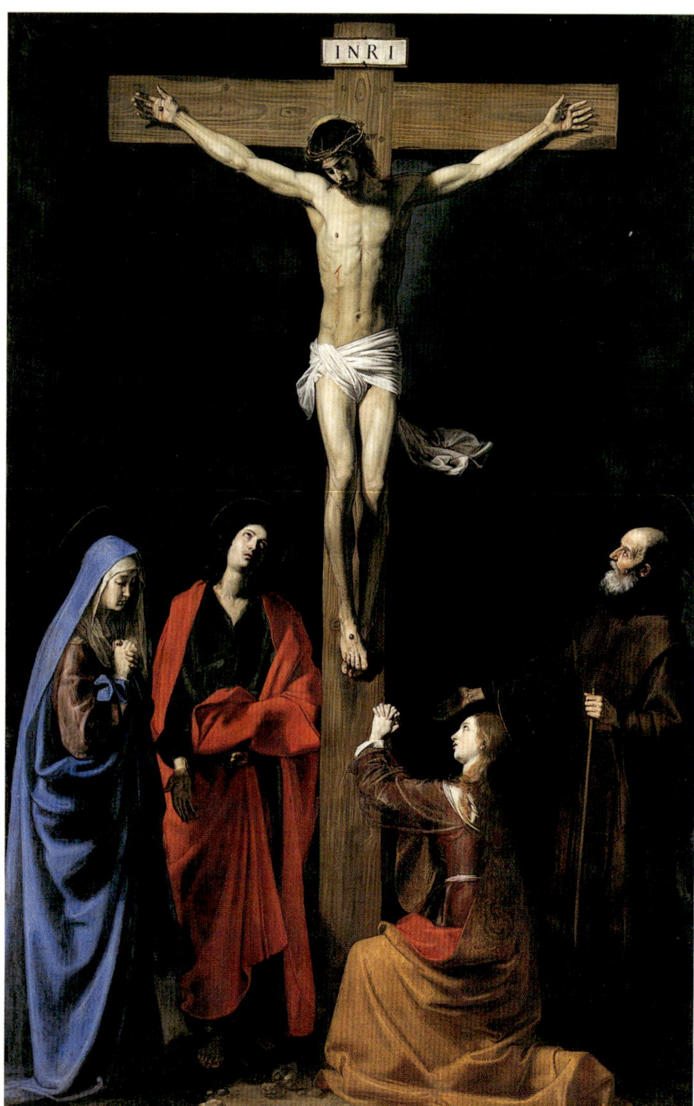

INRI

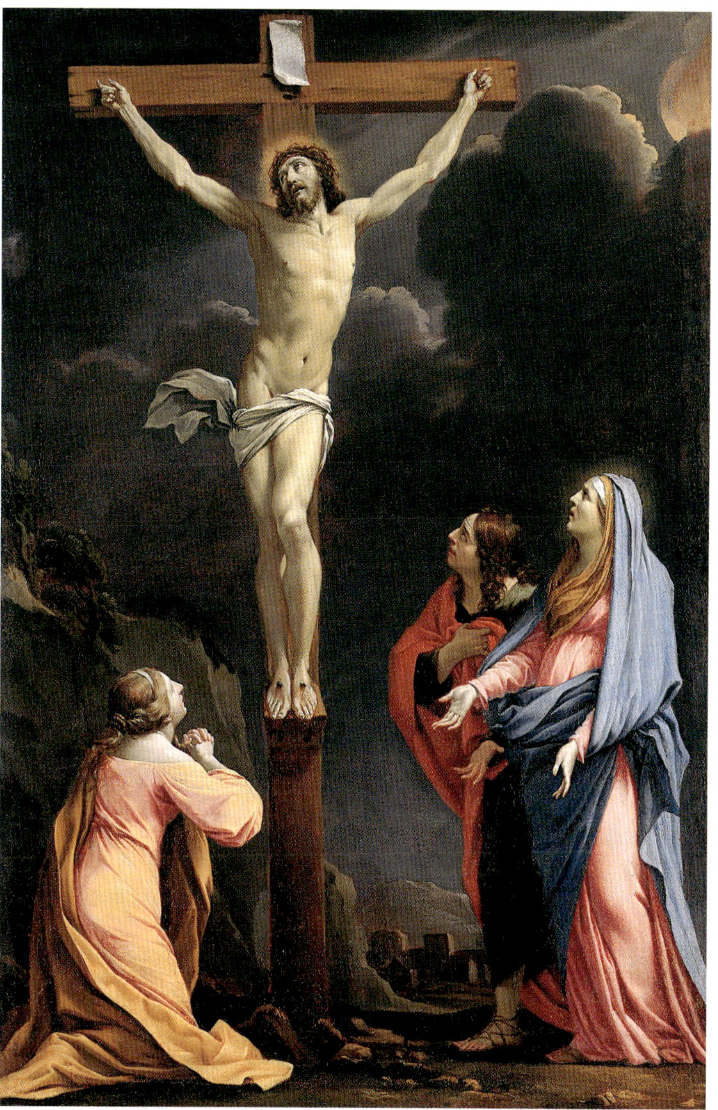

(páginas anteriores)
nicolas tournier
óleo sobre lienzo
h. 1635
museo del louvre, parís

eustache le sueur
óleo sobre lienzo
h. 1642
national gallery, londres

rembrandt
aguafuerte
h. 1643–1644

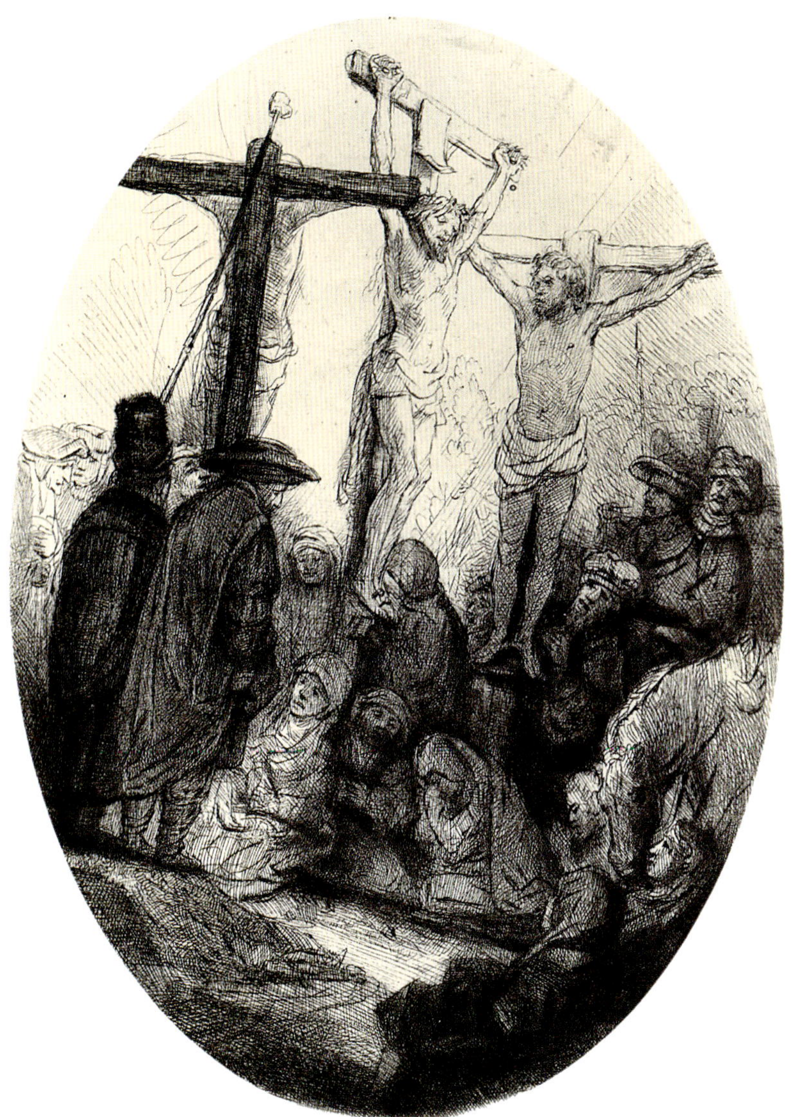

este aguafuerte representa la muerte
de cristo con una de las escenas más
dramáticas de todas las que reproducen la
crucifixión. a la derecha se encuentran los
familiares de jesús y sus discípulos,
incluidos el buen ladrón, bañado en una
intensa luz, y el recién convertido
centurión, arrodillado a los pies de la cruz.
otras figuras de la izquierda se amontonan
en una oscuridad simbólica, y los dos
hombres del primer plano se van corriendo,
al presentir quizá la tormenta inminente.

rembrandt
aguafuerte
1653

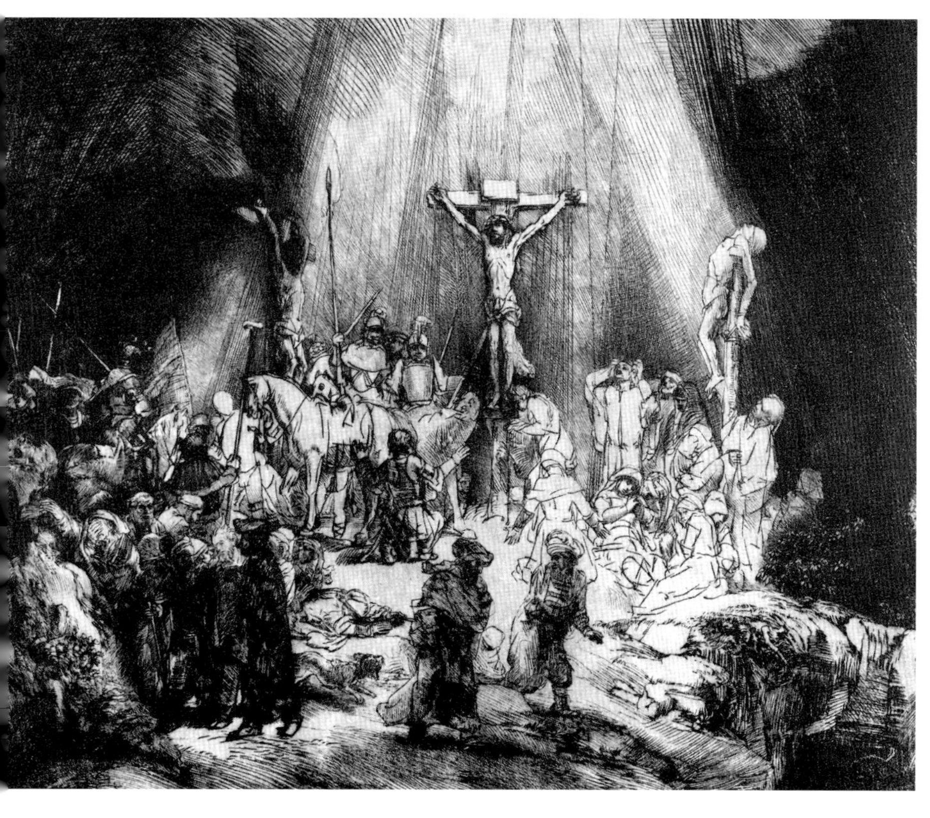

bartolomé esteban murillo

óleo sobre tabla

1675–1680

museo del prado, madrid

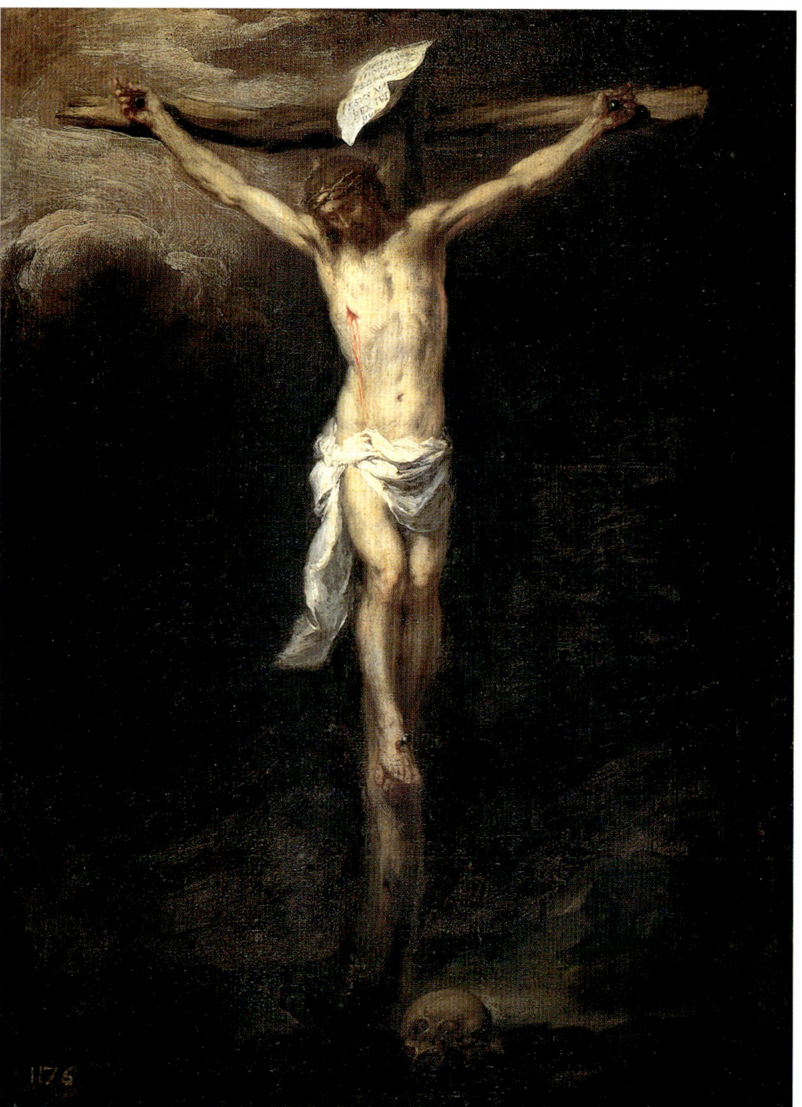

pierre puget

relieve en terracota

h. 1680

museo del louvre, parís

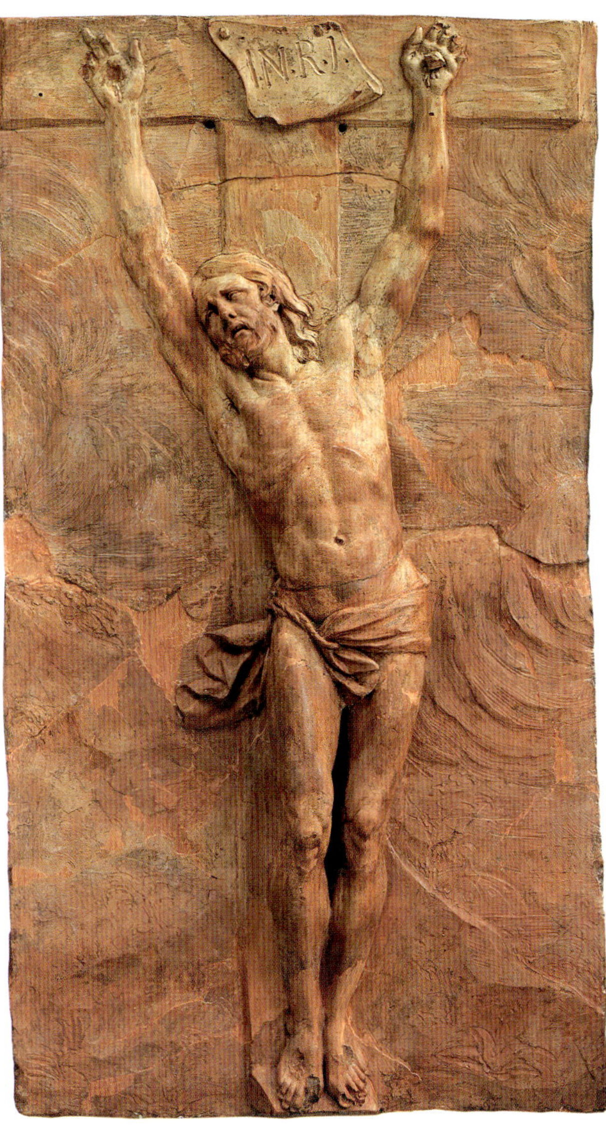

giovanni domenico tiepolo

óleo sobre lienzo

h. 1780

colección particular

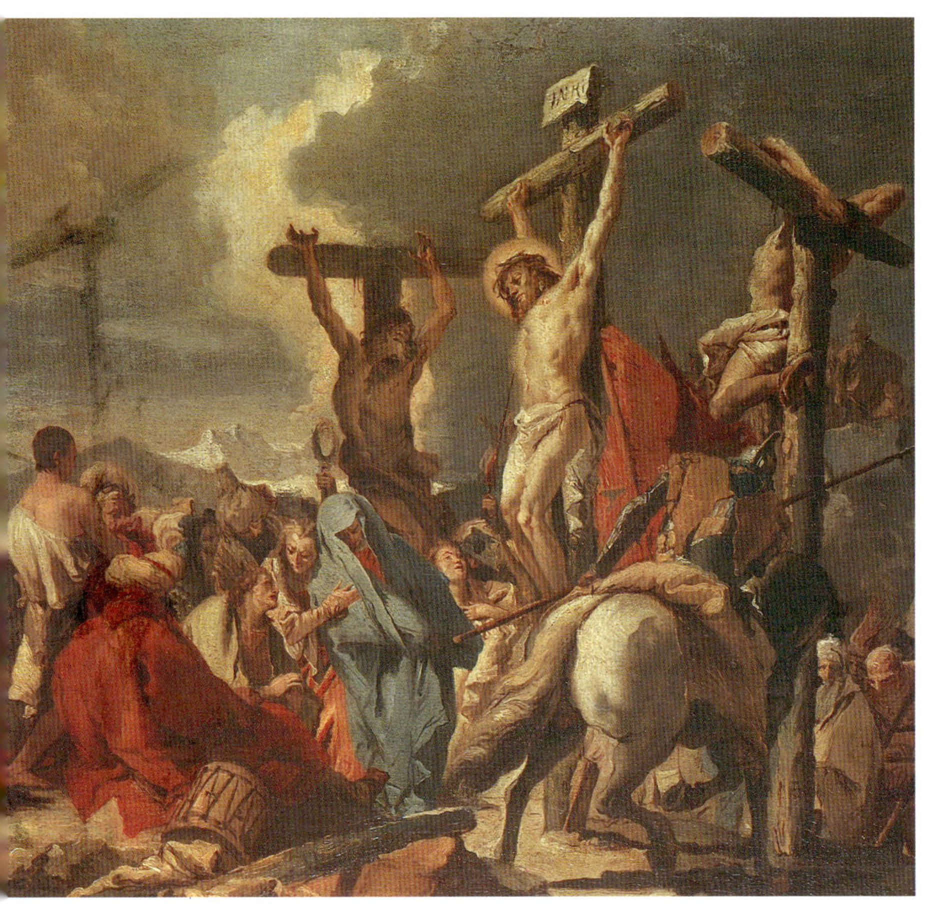

francisco de goya

óleo sobre lienzo

1780

museo del prado, madrid

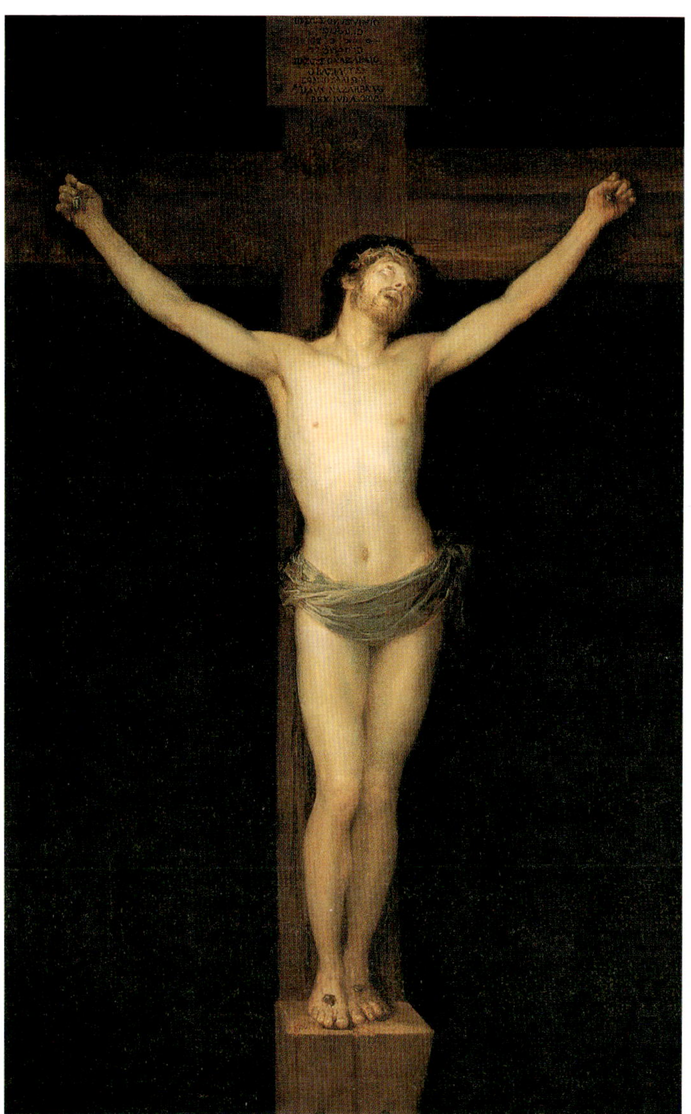

william blake

tinta marrón y aguada sobre papel

h. 1800

colección particular

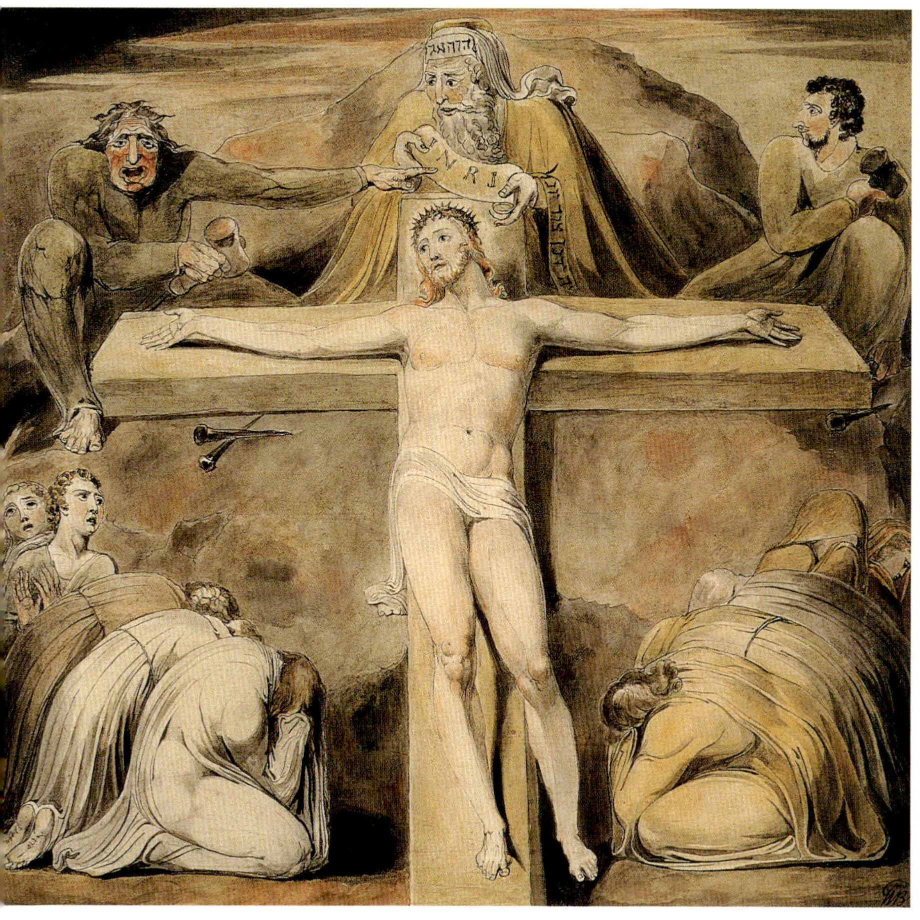
INRI

la atmósfera espeluznante y trágica de esta
pintura, realizada para la catedral de metz,
le ha granjeado la reputación de obra
maestra del arte religioso del siglo xix.

pierre-paul prud'hon
óleo sobre lienzo
h. 1822
museo del louvre, parís

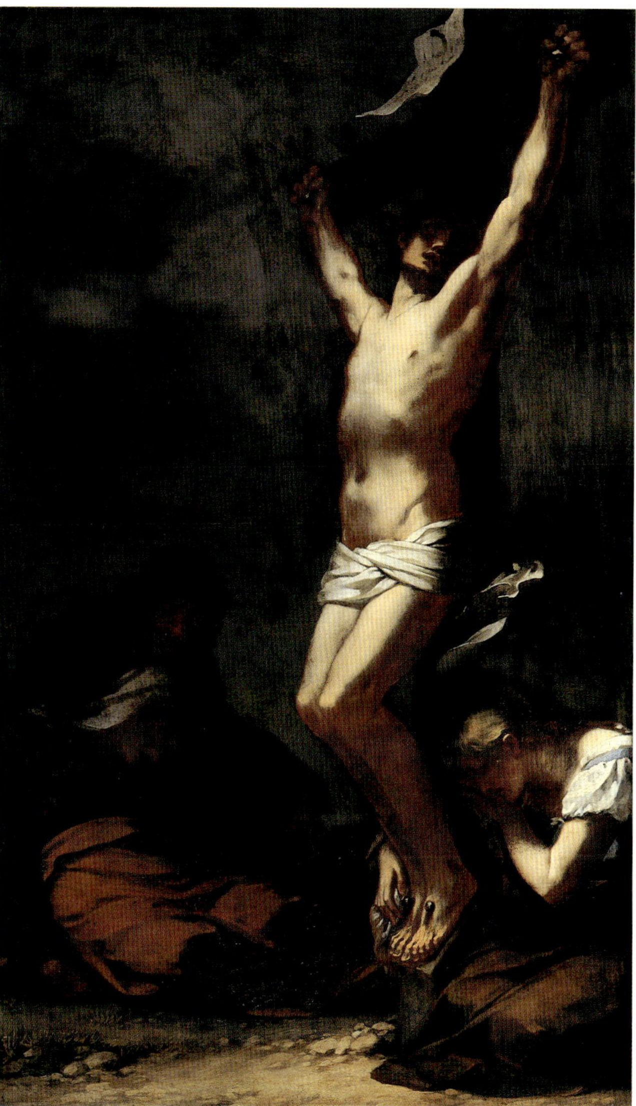

eugène delacroix

óleo sobre lienzo

1853

national gallery, londres

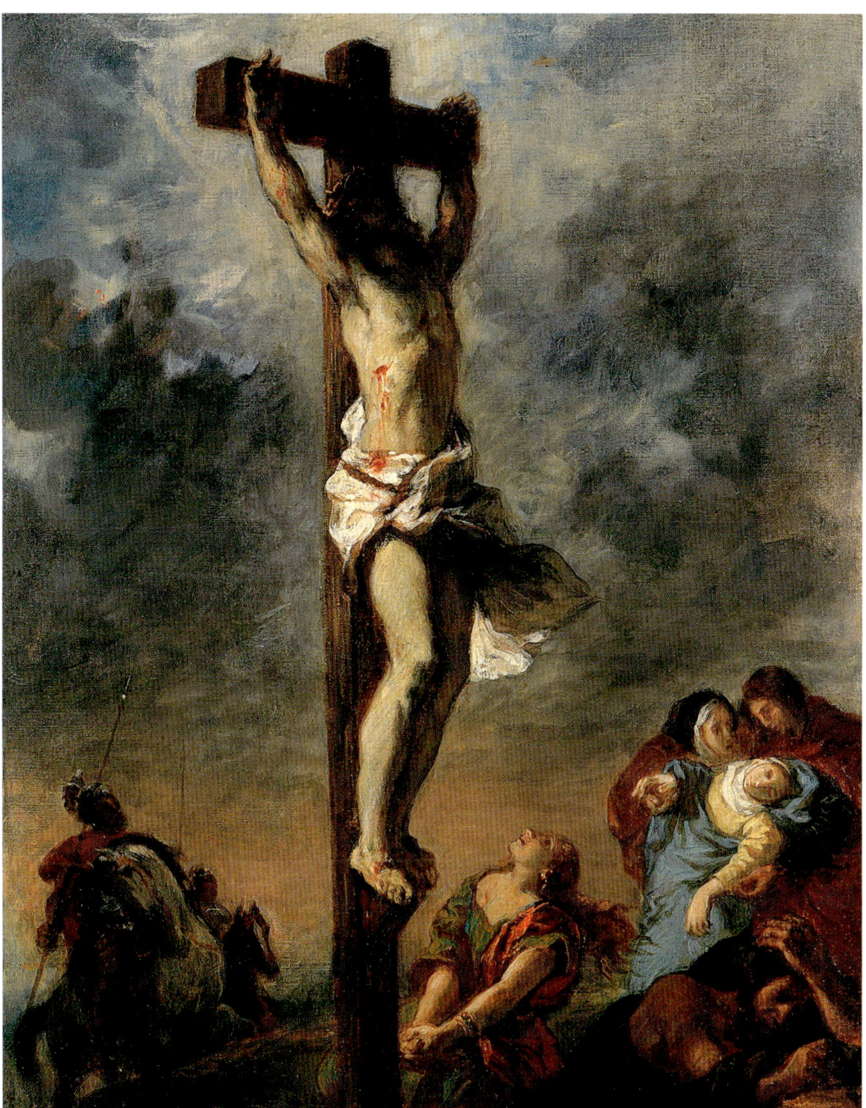

thomas eakins

óleo sobre lienzo

1880

museo de arte de filadelfia

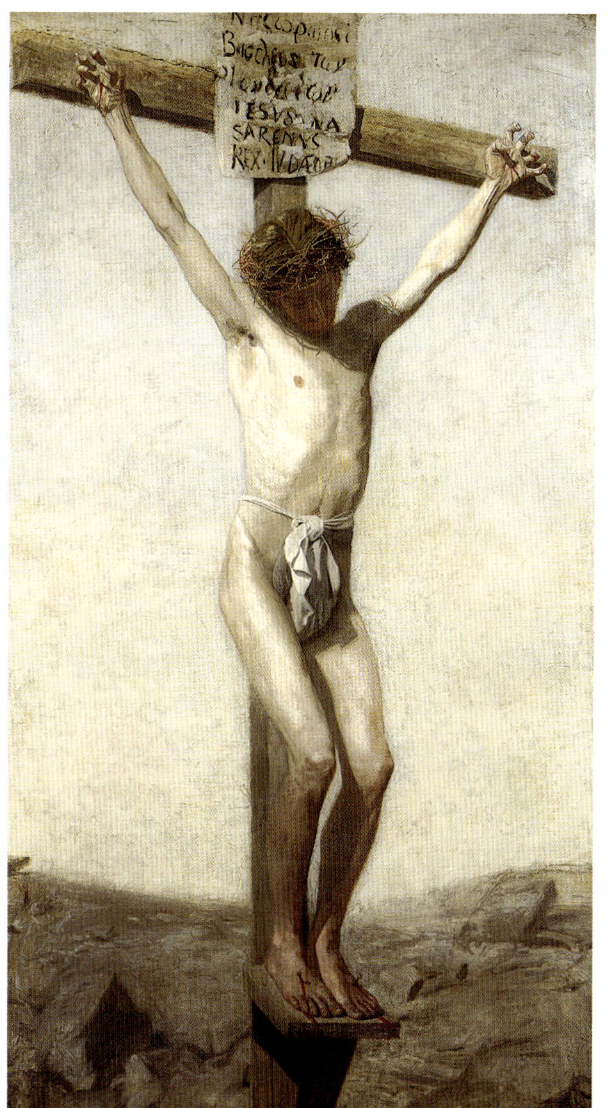
IESVS NA
SARENVS
REX IVDÆOR

james ensor

óleo sobre tabla

1888

colección particular

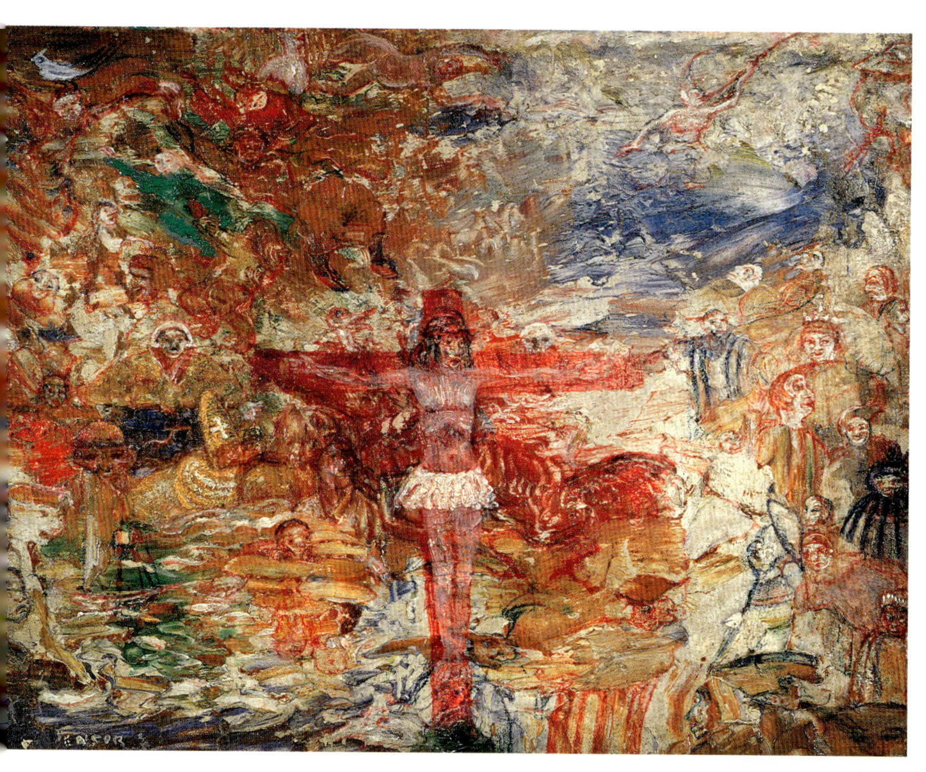

paul gauguin
óleo sobre lienzo
1889
albright-knox art gallery, búfalo

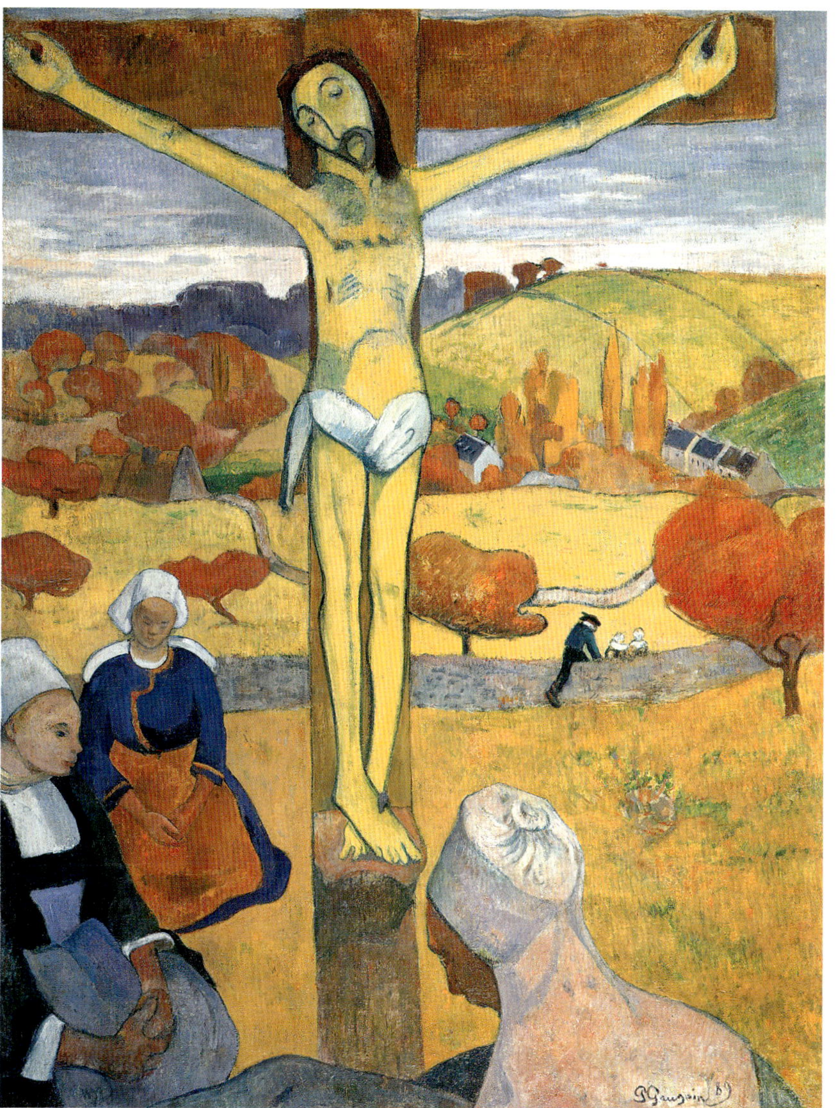

P Gauguin 89

en el siglo vi, el obispo gregorio de tours se quejó de la indecorosa desnudez de jesús en ciertas representaciones de la crucifixión. 1.300 años después, el cristo realista y enteramente desnudo de max klinger causó el mismo embarazo a las autoridades religiosas. cuando se expuso en el palacio de cristal de múnich en 1893, la figura se cubrió con una tela de cintura para abajo.

max klinger
óleo sobre tabla
1890
museum der bildenden künste, leipzig

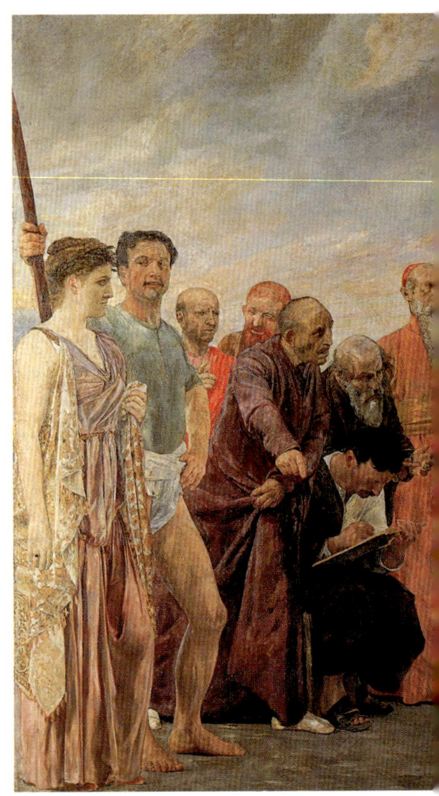

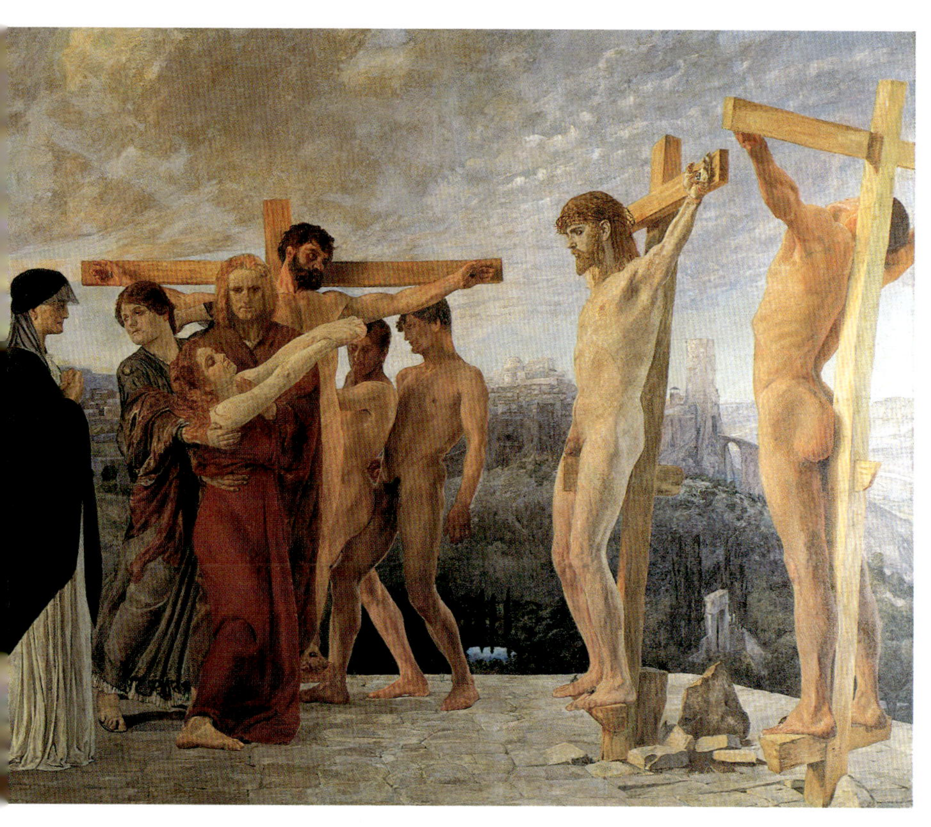

maurice denis

óleo sobre lienzo

h. 1890–1895

colección particular

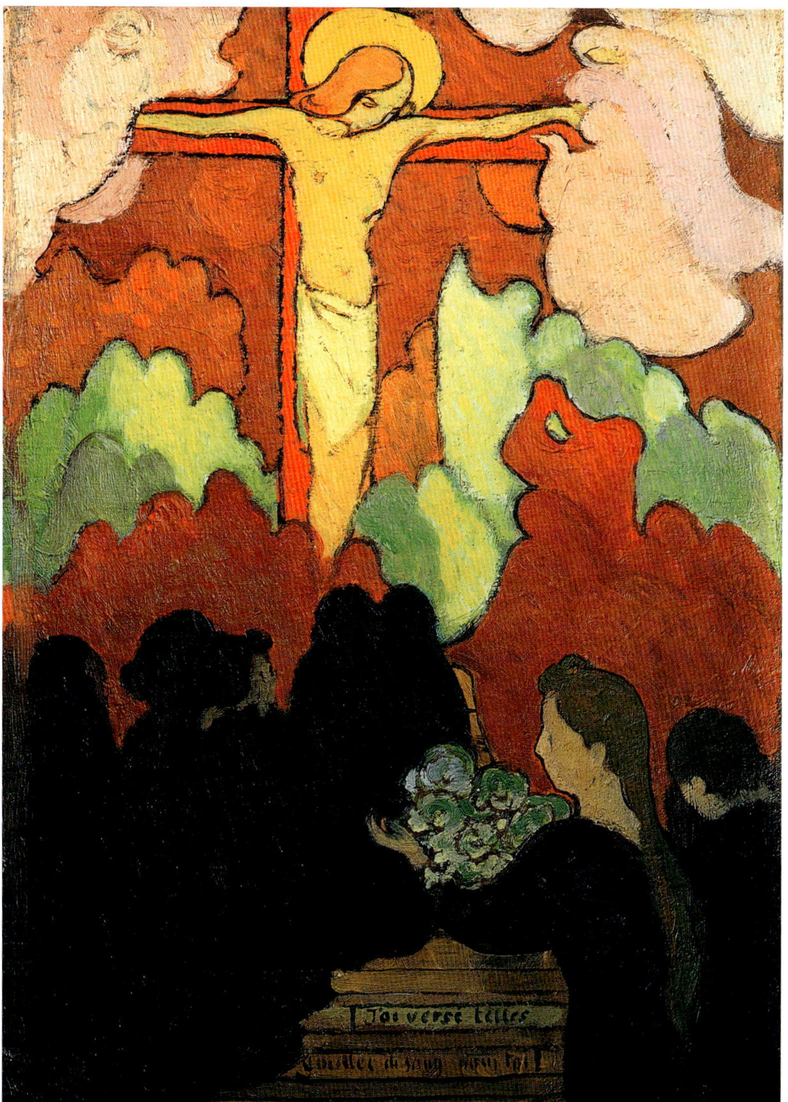
J'ai verse telles

nikolai ge

óleo sobre lienzo

1893

museo de orsay, parís

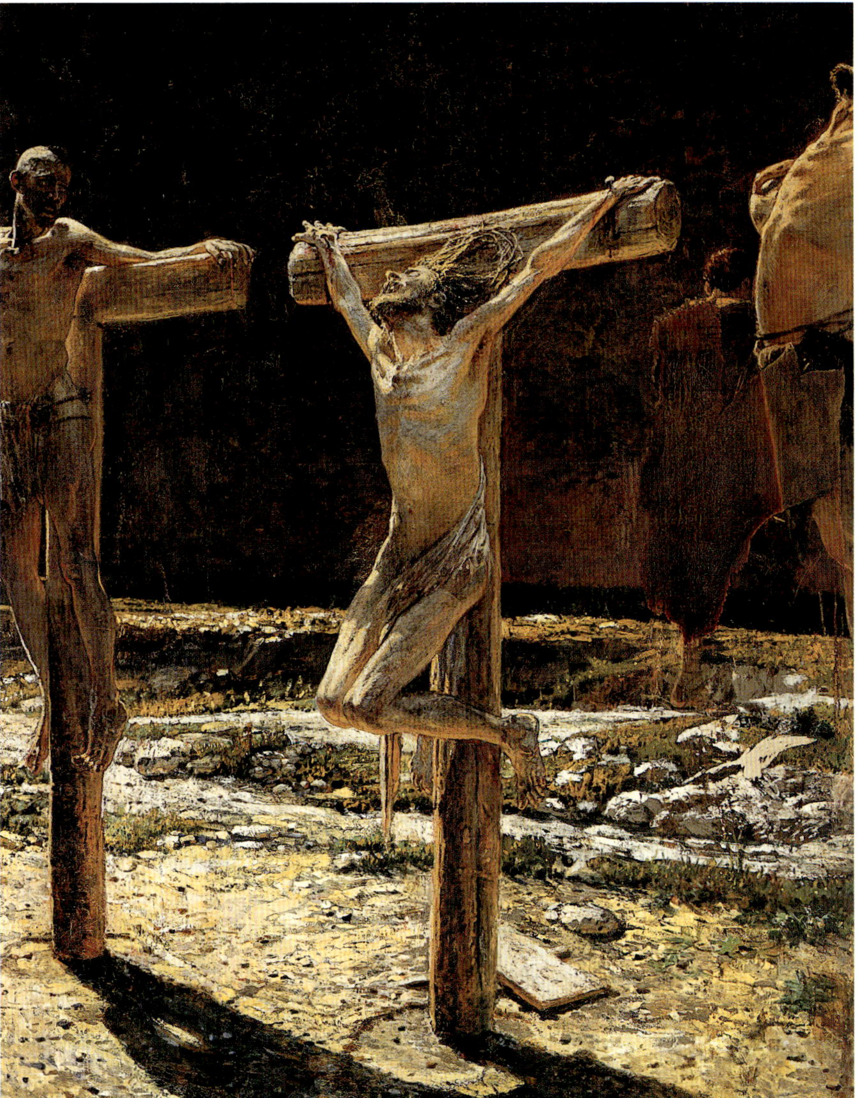

el excéntrico fotógrafo fred holland day
posó él mismo como cristo para este
trabajo. como preparación, ayunó hasta
que su cara y su cuerpo estuvieron
demacrados, y se dejó crecer el pelo y la
barba durante más de un año.

fred holland day
impresión en platino
1898
royal photographic society, bath

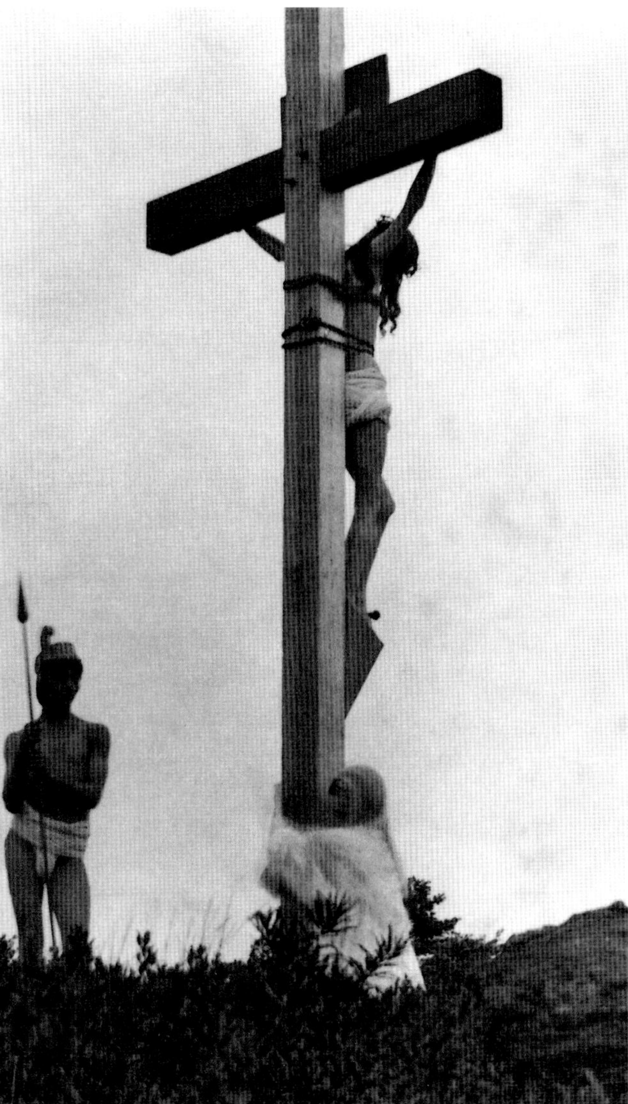

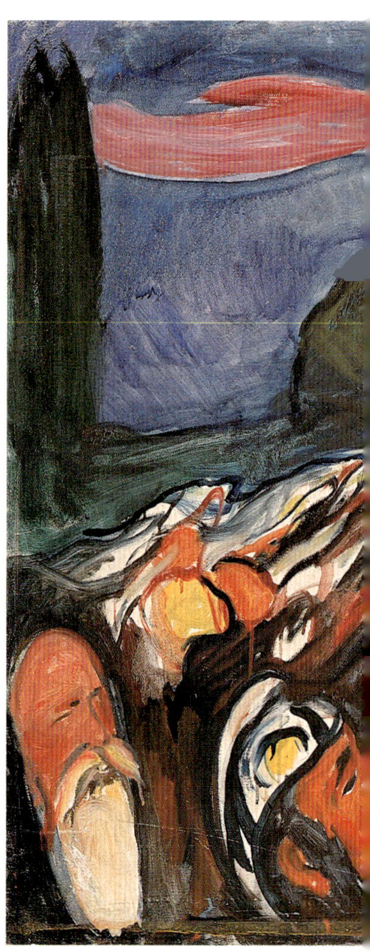

edvard munch
óleo sobre lienzo
1900
museo munch, oslo

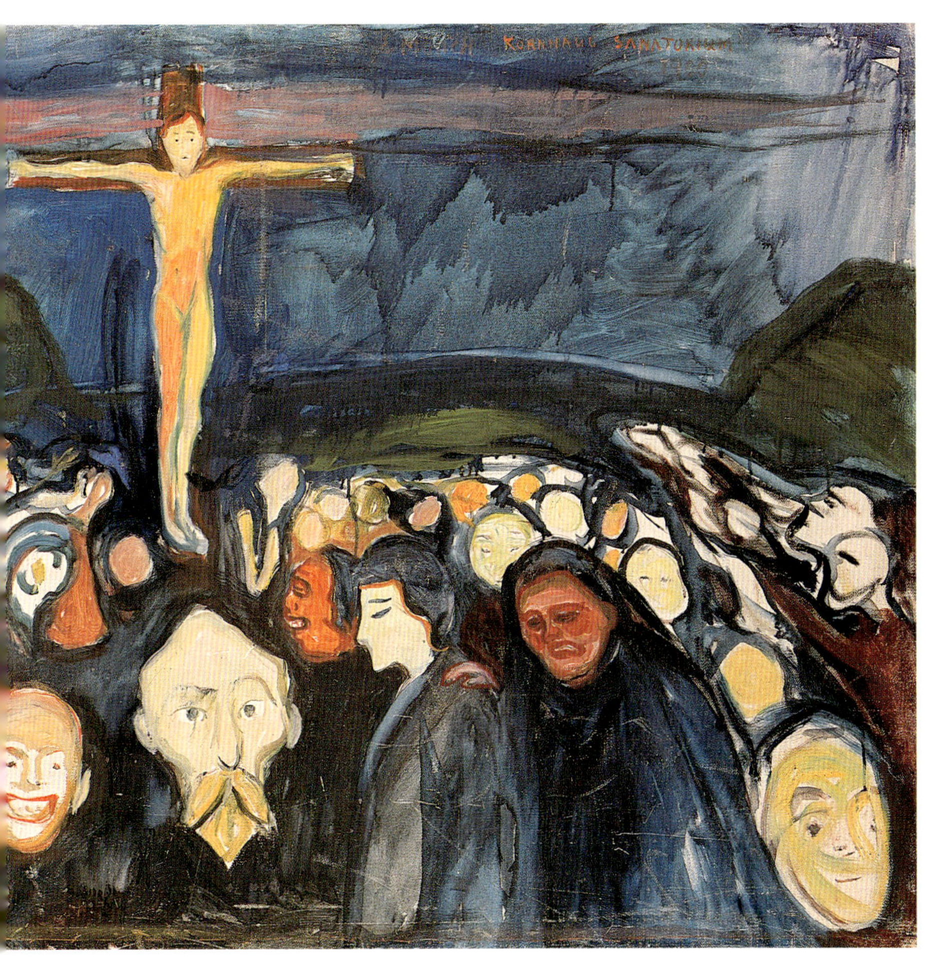

egon schiele

óleo sobre lienzo

1907

colección particular

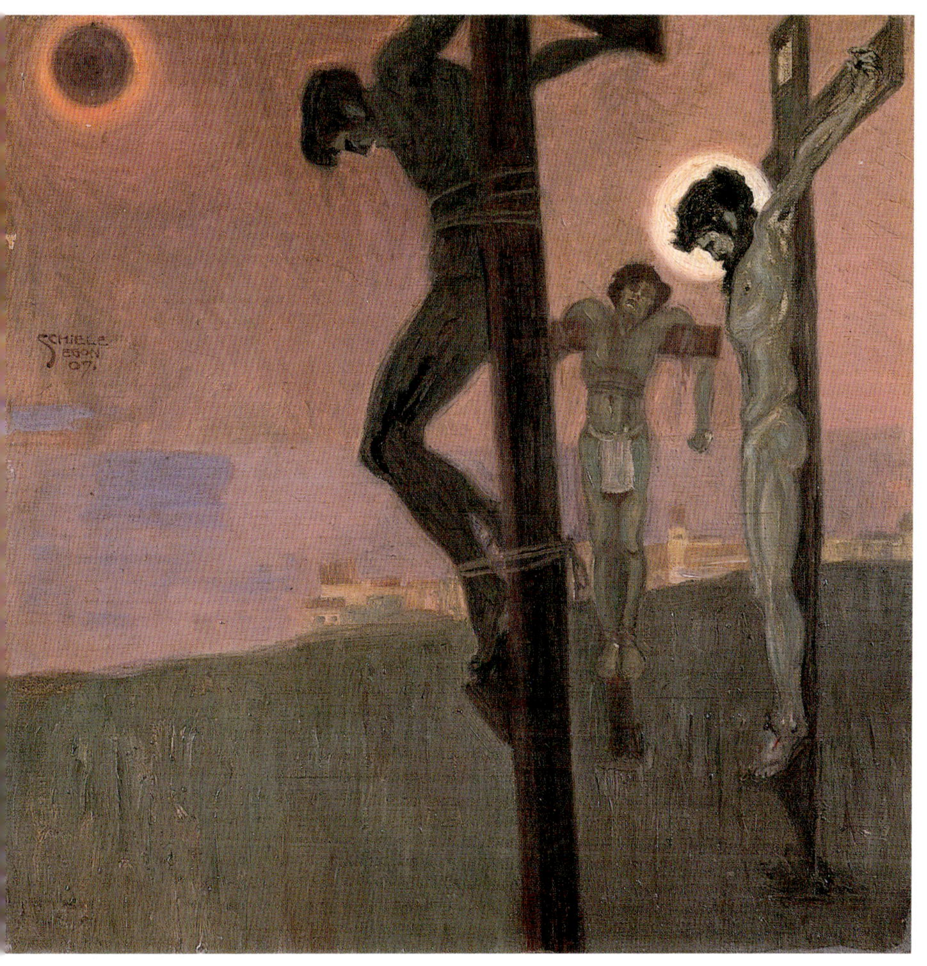

en el siglo xx se aprecia una vez más la
concentración en los horrores físicos de
la crucifixión. esta inquietante imagen
de lovis corinth no pone el acento en
la redención y la salvación sino en la
crueldad del hombre contra el hombre.

lovis corinth
óleo sobre lienzo
1907
ostdeutsche galerie, ratisbona

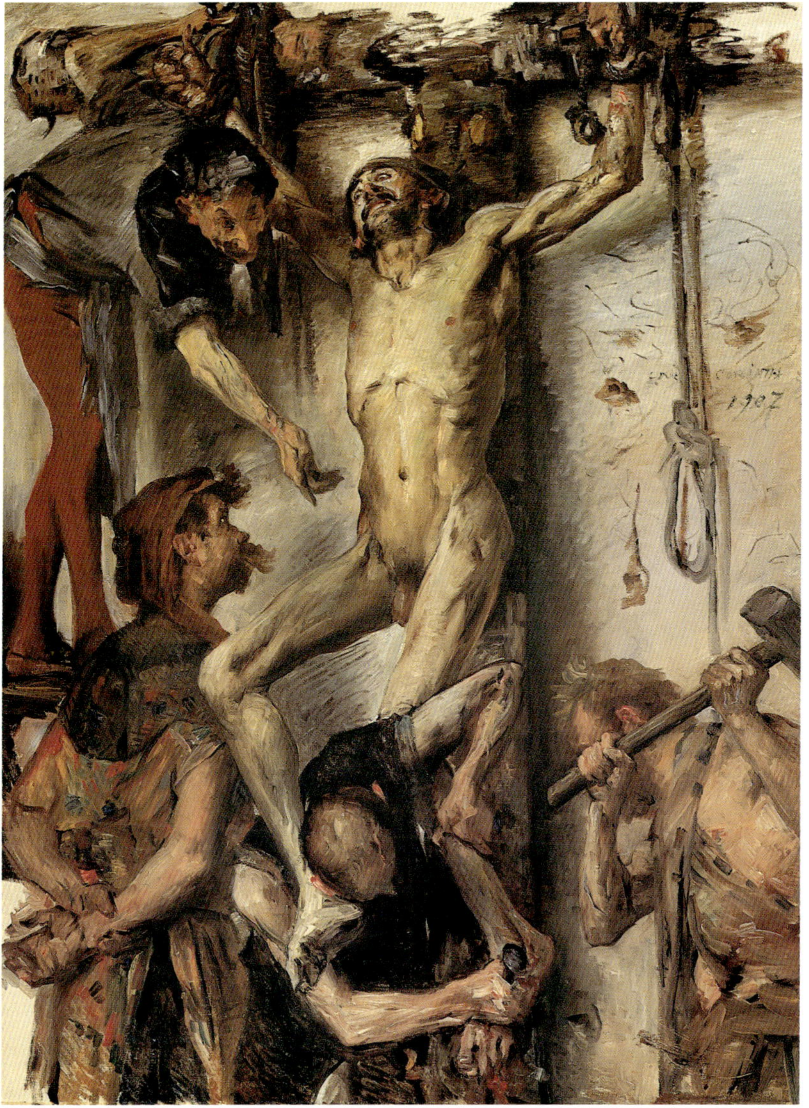

odilon redon

óleo sobre cartón

h. 1910

museo de orsay, parís

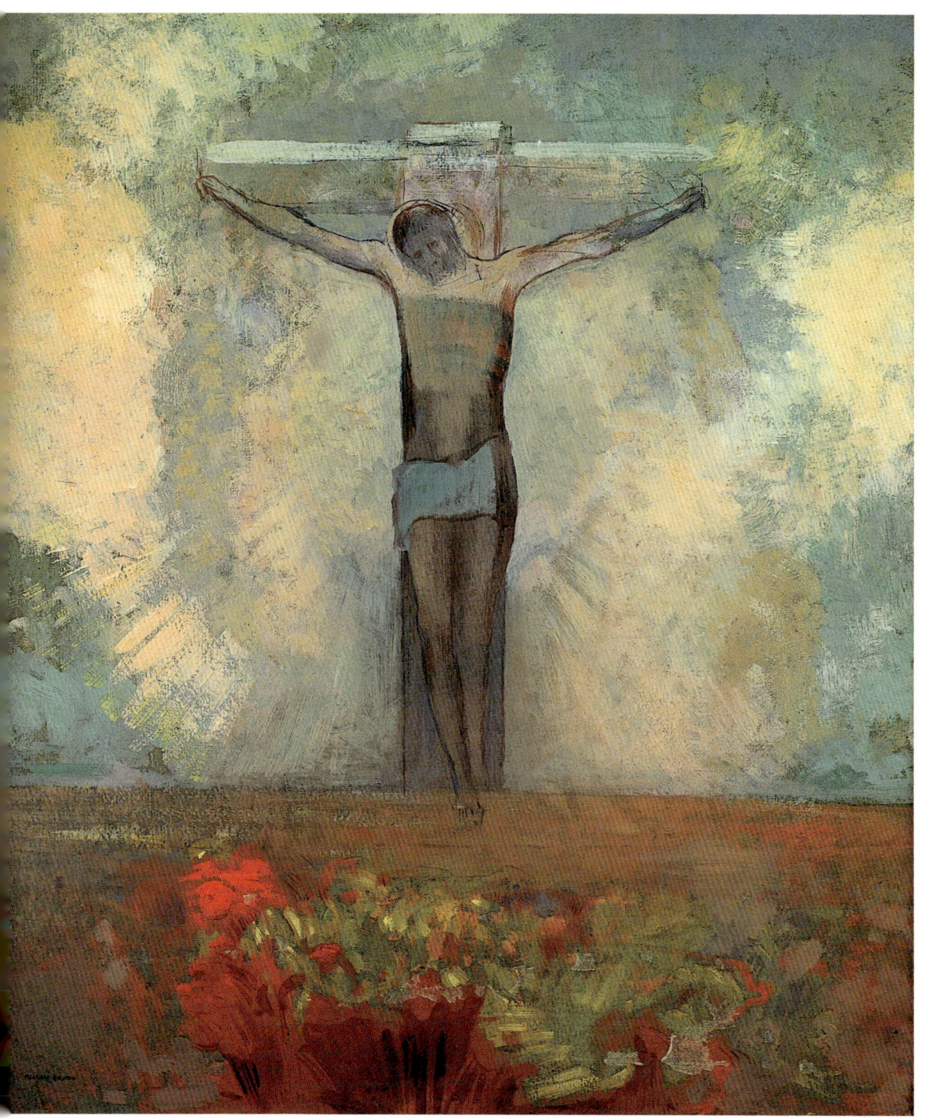

emil nolde

óleo sobre lienzo

1912

fundación ada y emil nolde, seebüll

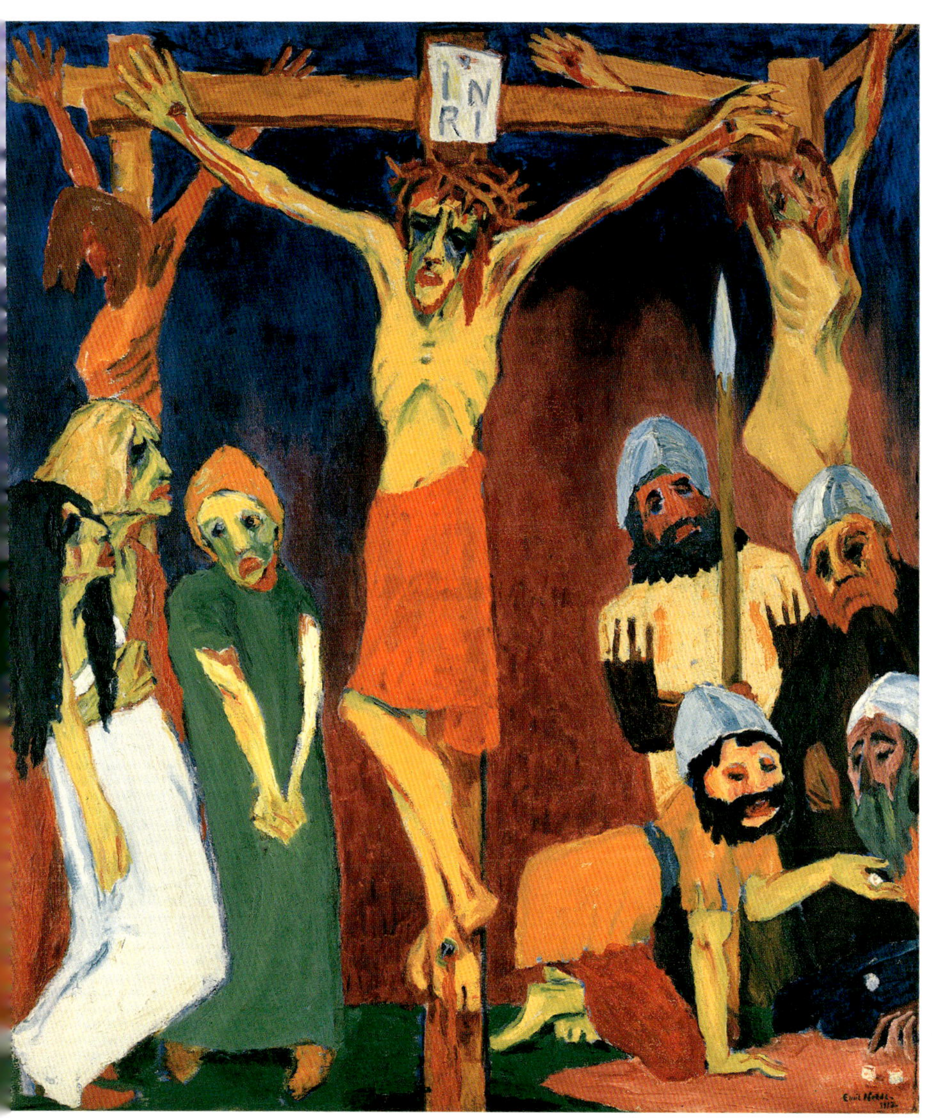

franz von stuck

pintura al temple sobre tabla

1913

museum der bildenden künste, leipzig

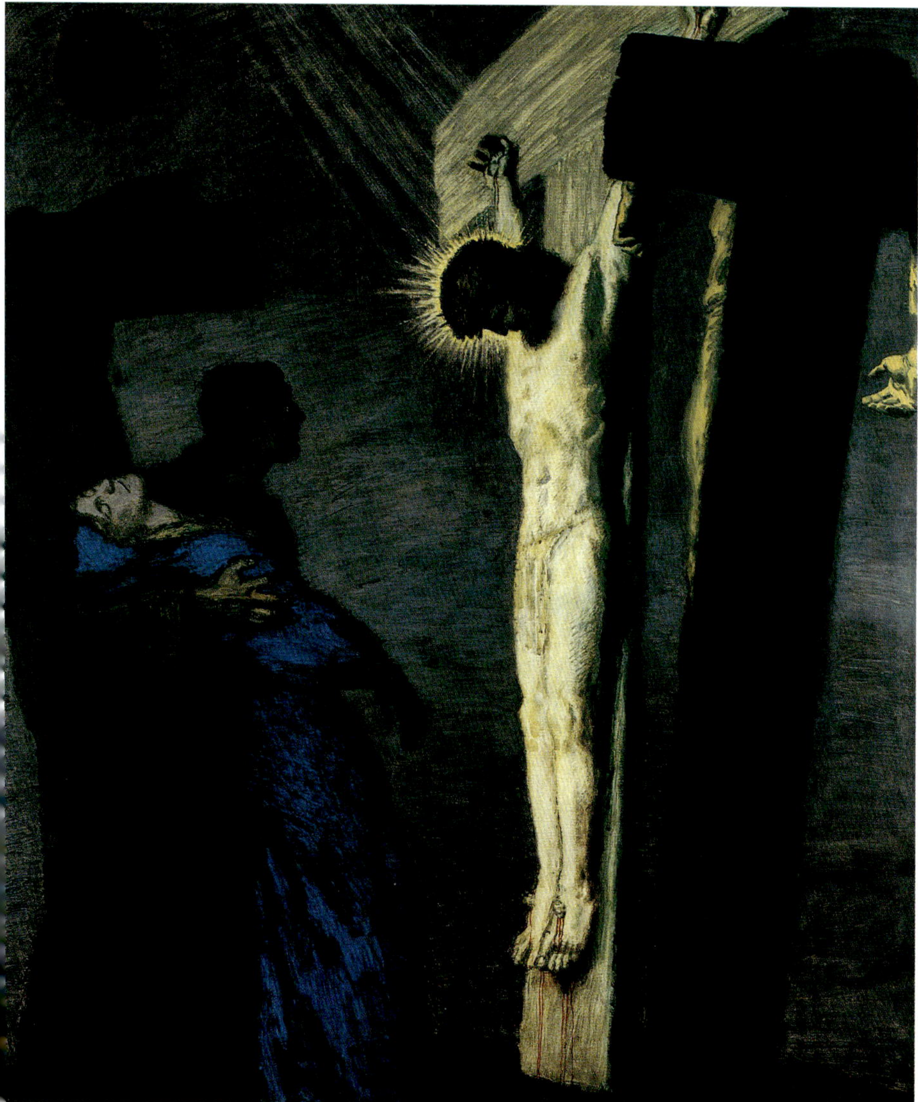

max ernst

óleo sobre papel

1913

museo ludwig, colonia

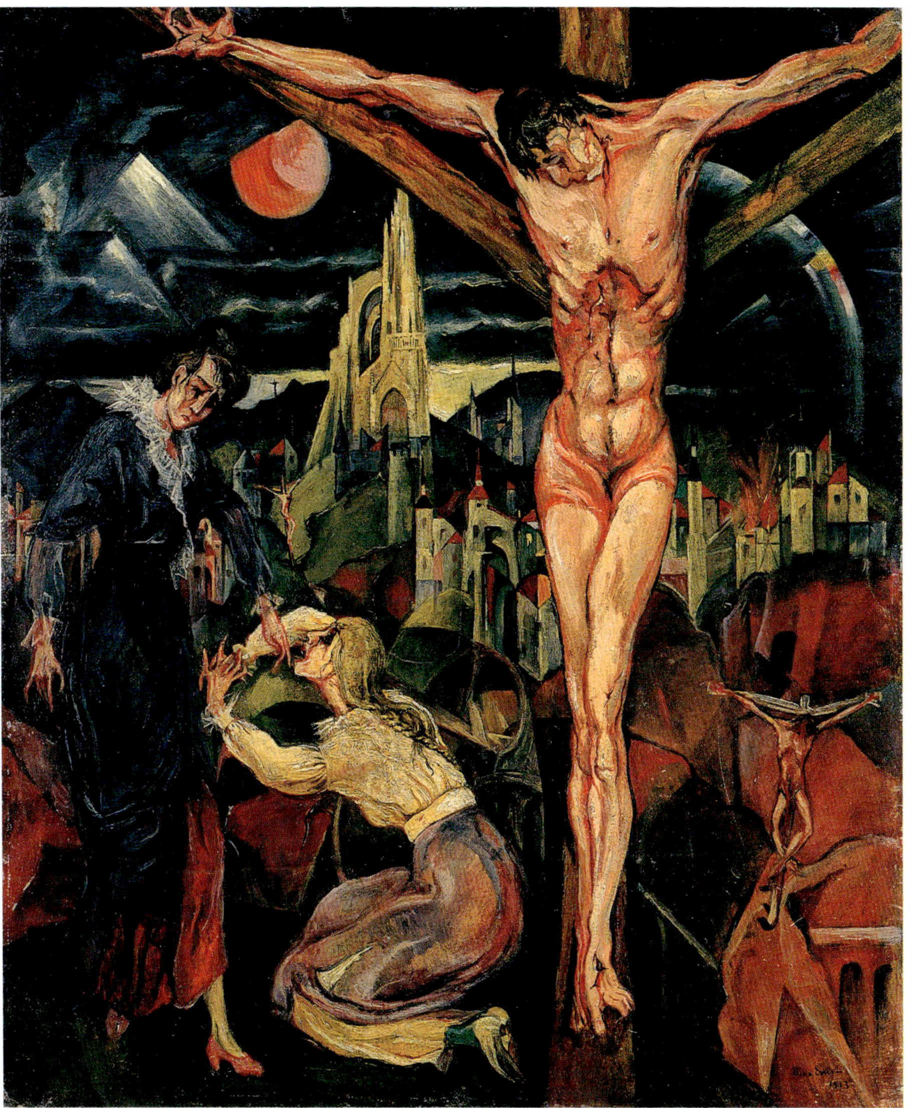

eric gill

madera policromada y dorada

1921

hove museum and art gallery

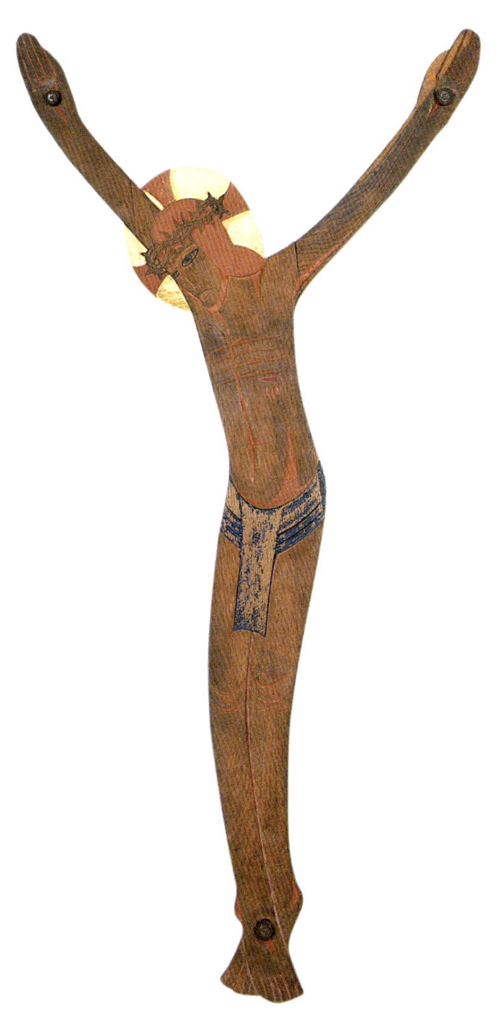

stanley spencer

óleo sobre papel

1921

aberdeen art gallery and museums

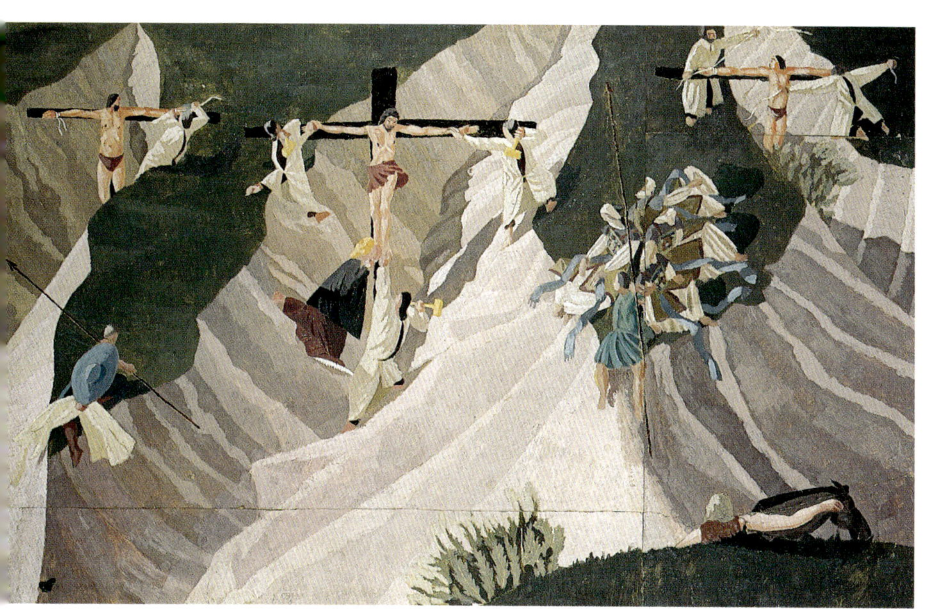

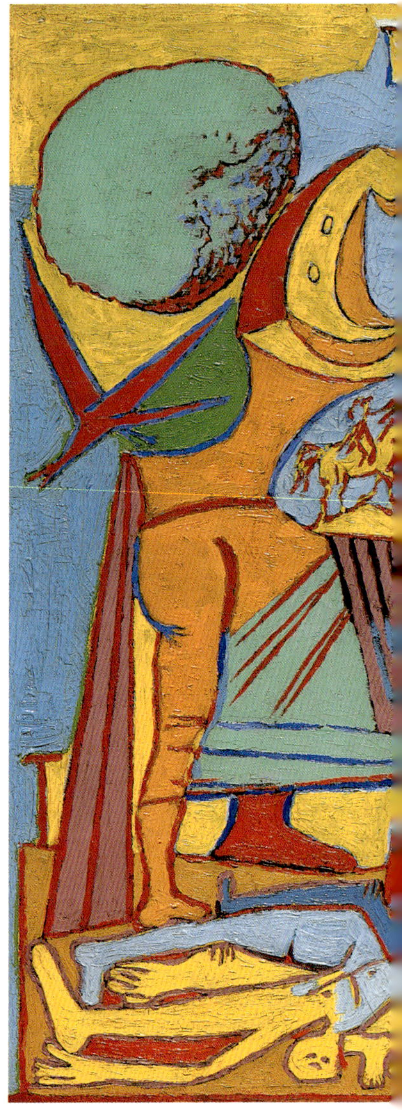

pablo picasso

óleo sobre lienzo

1930

museo picasso, parís

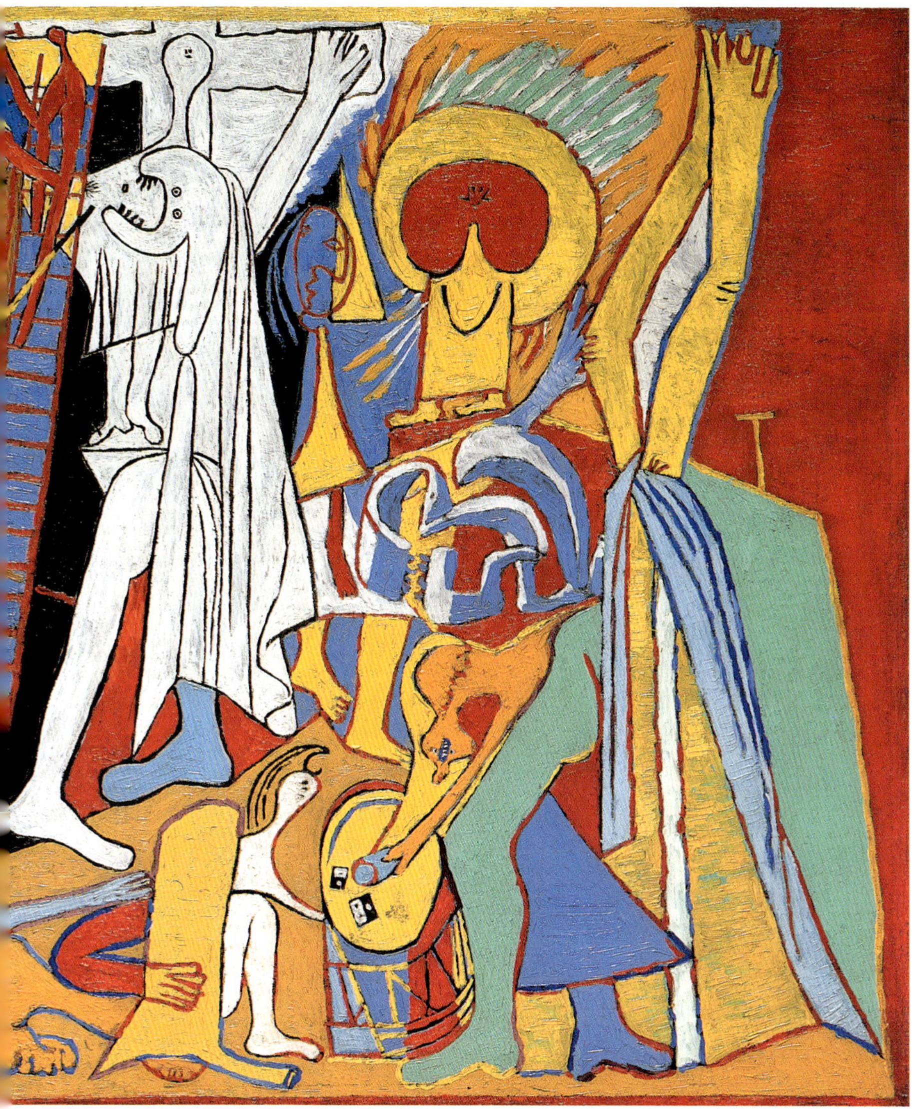

georges rouault

aguatinta

1936

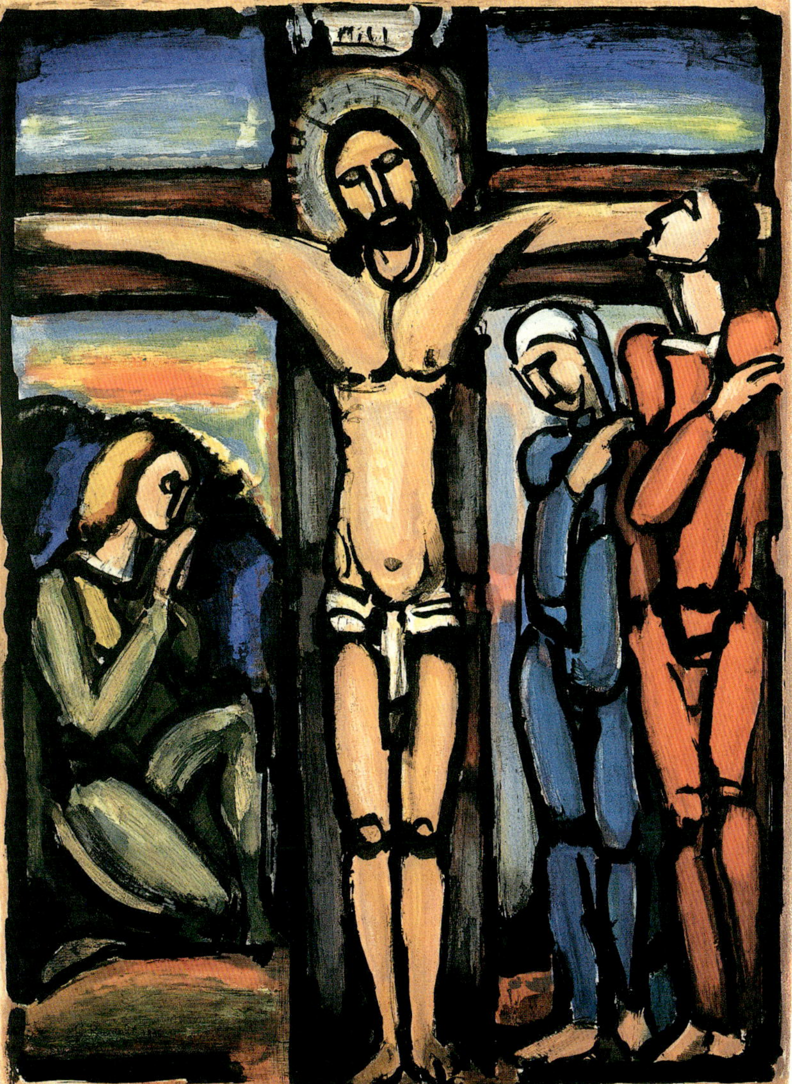

chagall, cuya obra fue quemada en 1933
por los seguidores de hitler, compara
aquí las experiencias de los judíos del
este de europa en la década de 1930 con
la persecución y crucifixión de cristo.

marc chagall
óleo sobre lienzo
1939
art institute of chicago

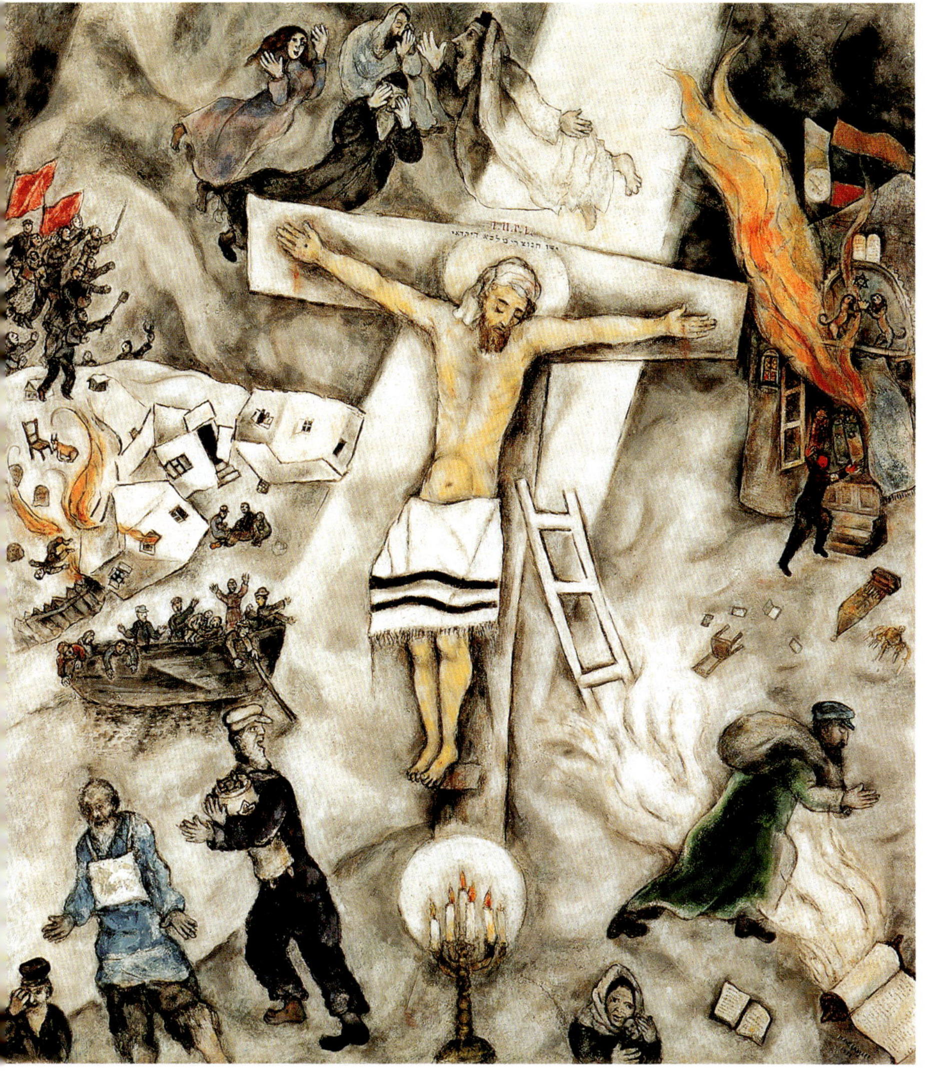

renato guttuso

óleo sobre lienzo

1941

galleria nazionale d'arte

moderna e contemporanea, roma

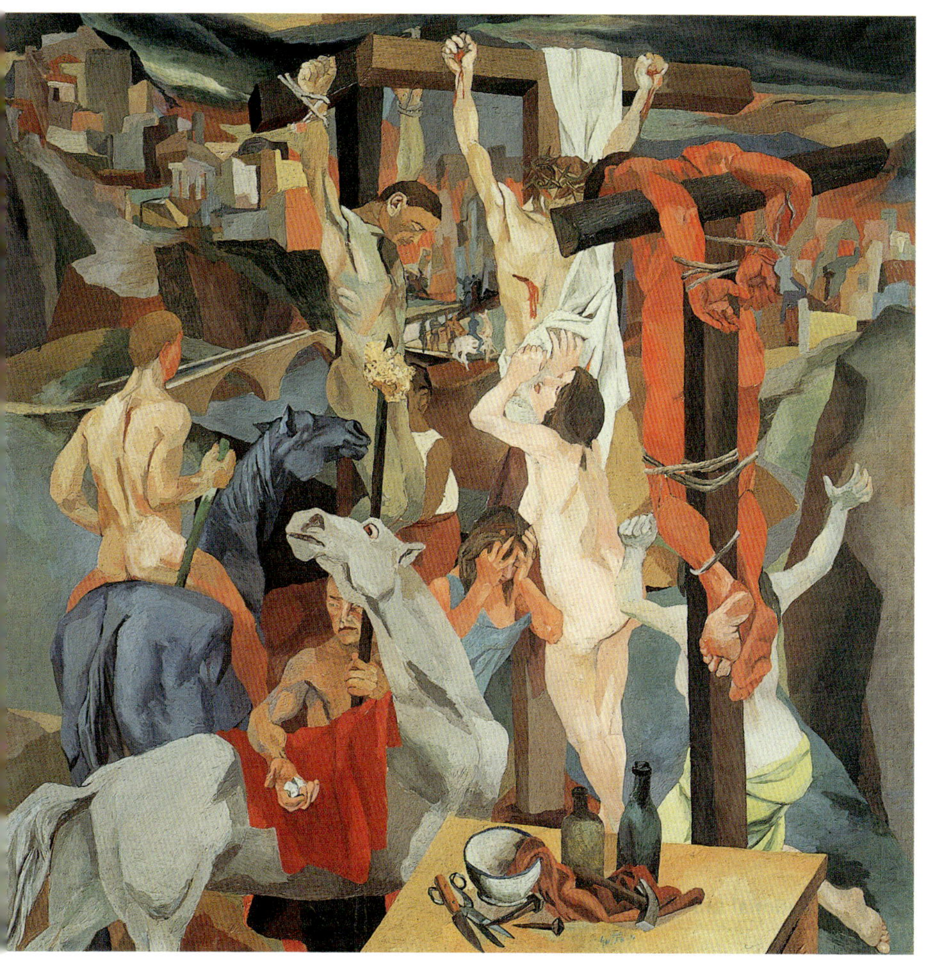

william h johnson
óleo sobre plancha de madera
h. 1944
national museum of american art,
washington dc

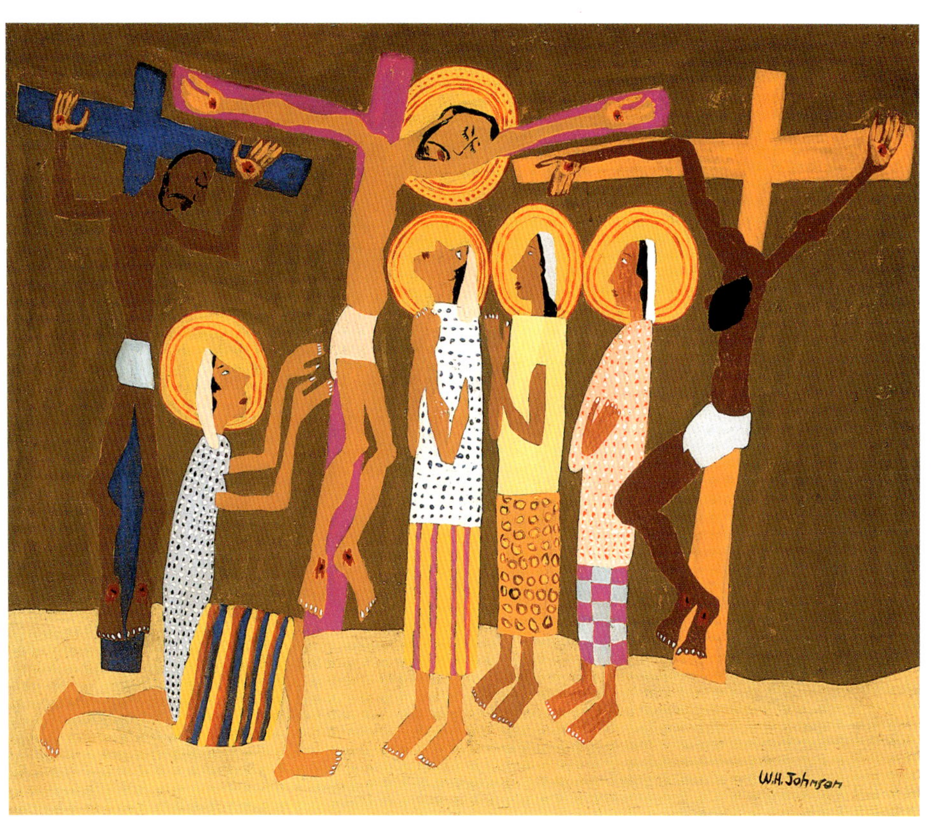

milton avery

óleo sobre lienzo

1945

colección particular

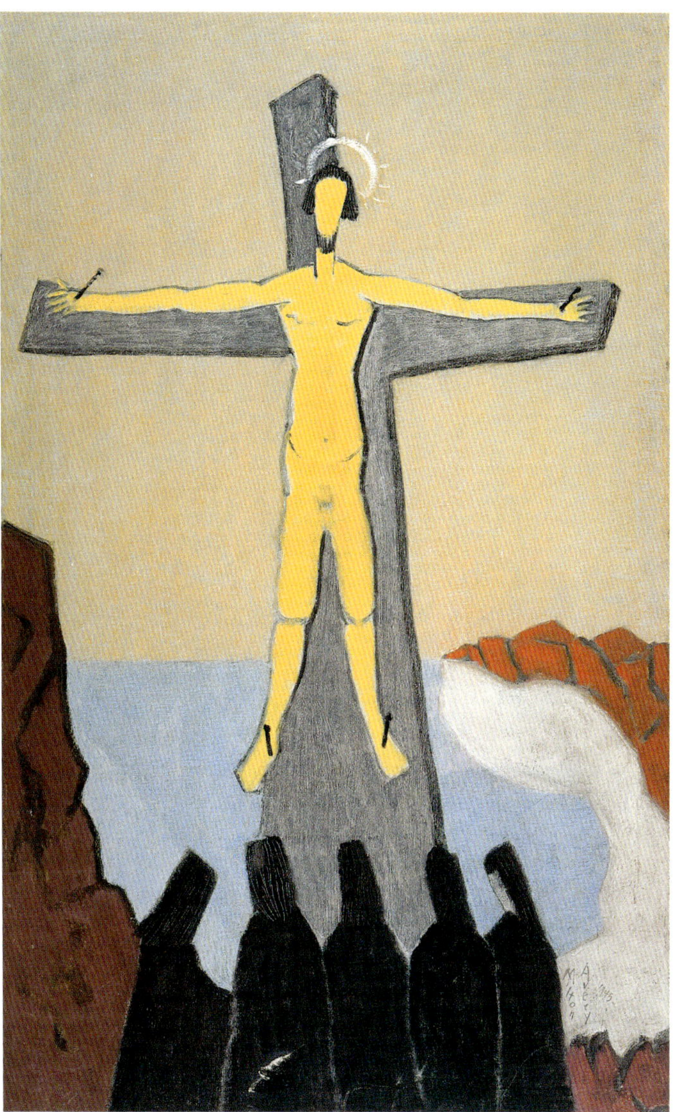

las desgarradoras imágenes de sutherland
muestran por un lado la influencia de
grünewald, y por otro, la de los fotógrafos
de las víctimas de los campos de
concentración durante la ii guerra mundial.
el autor introduce así un significado tan
nuevo como terrorífico en la historia de la
pasión de cristo.

graham sutherland
óleo sobre plancha de madera
1946
colección particular

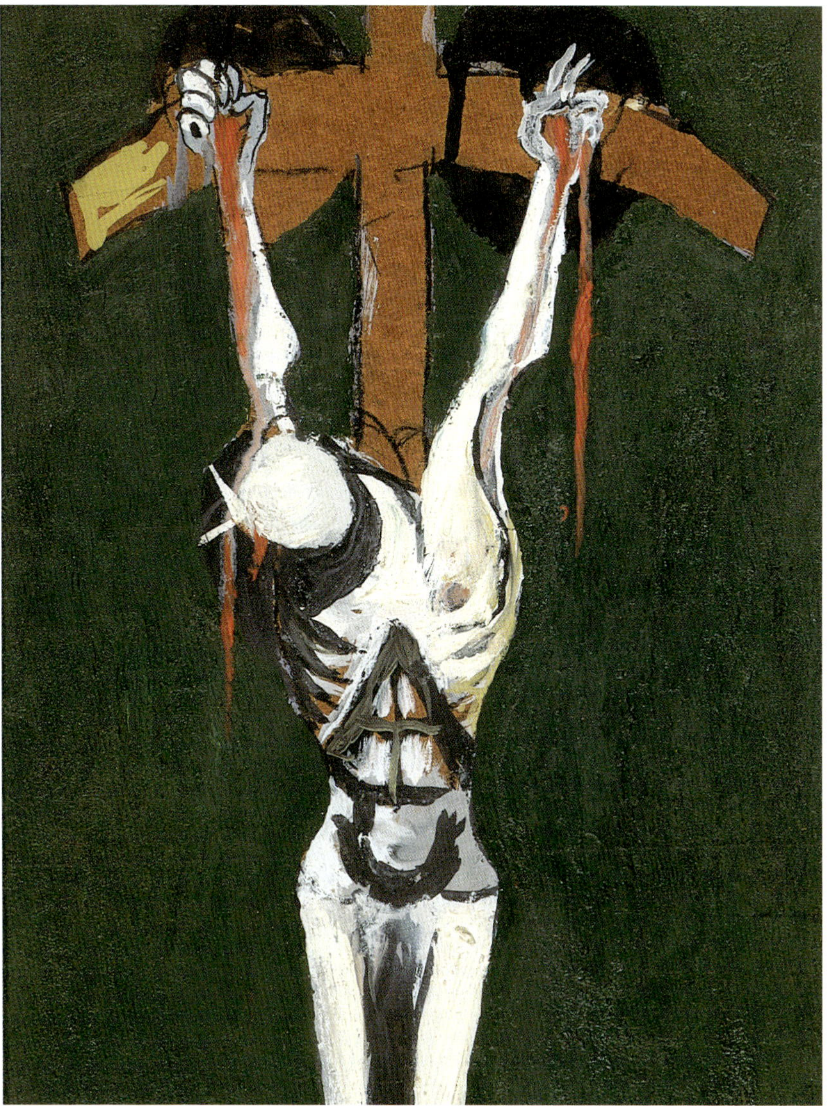

graham sutherland
óleo sobre plancha de madera
1946
saint matthew's, northampton

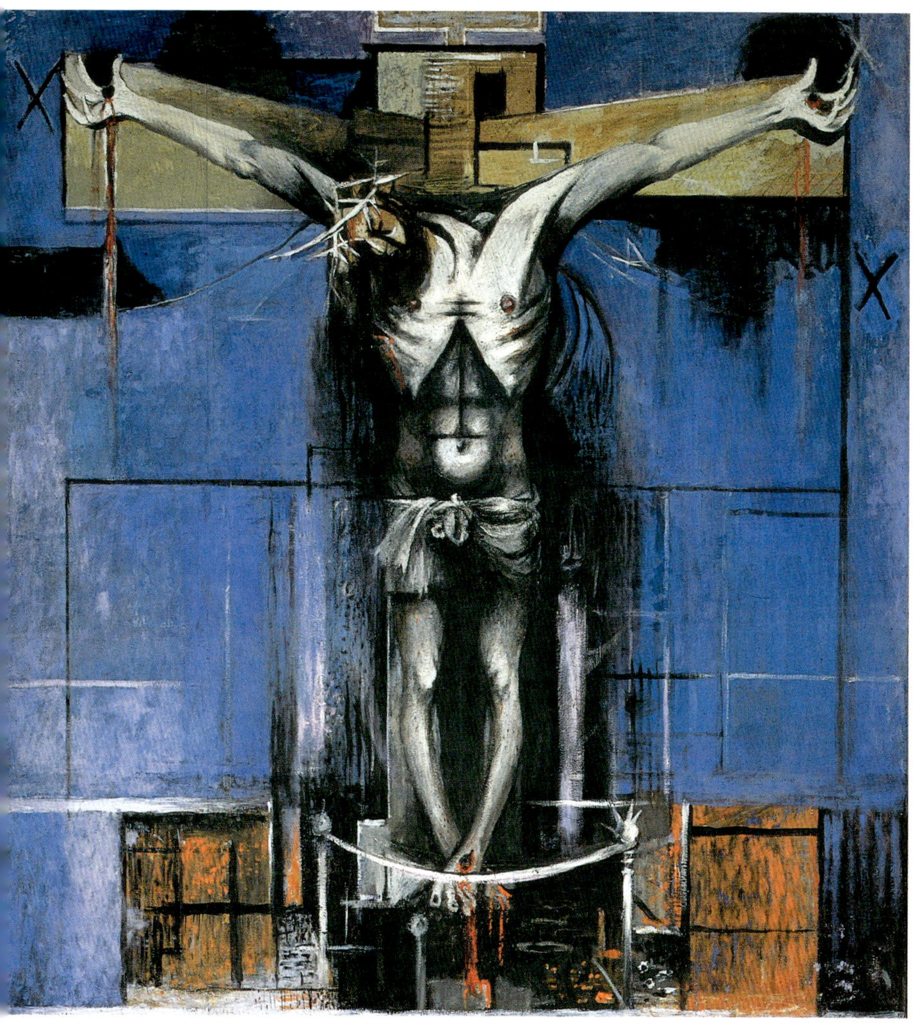

otto dix

óleo sobre lienzo

1948

hessisches landesmuseum, darmstadt

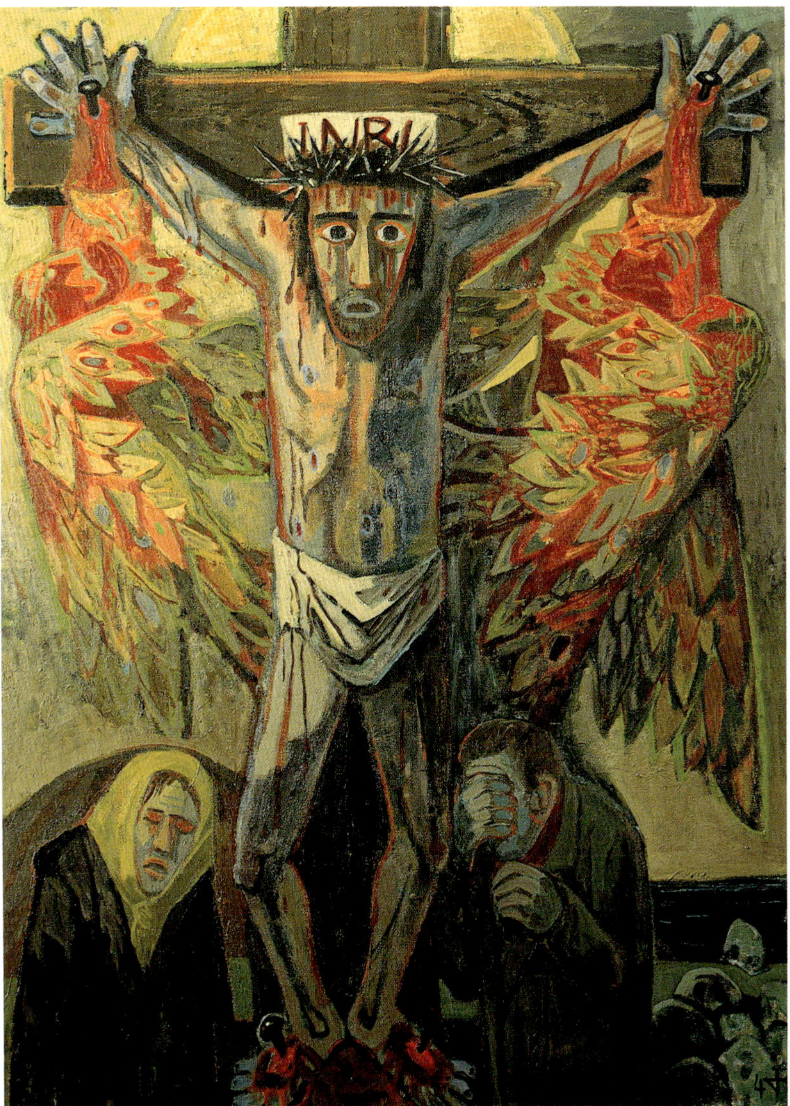
INRI

dalí basa su llamativa composición en una
descripción que realizó en estado de éxtasis
san juan de la cruz, el gran místico español
del siglo xvi. los hombros y los brazos bien
desarrollados de cristo tienen como modelo
a un especialista de hollywood.

salvador dalí
óleo sobre lienzo
1951
saint mungo museum of
religious life and art, glasgow

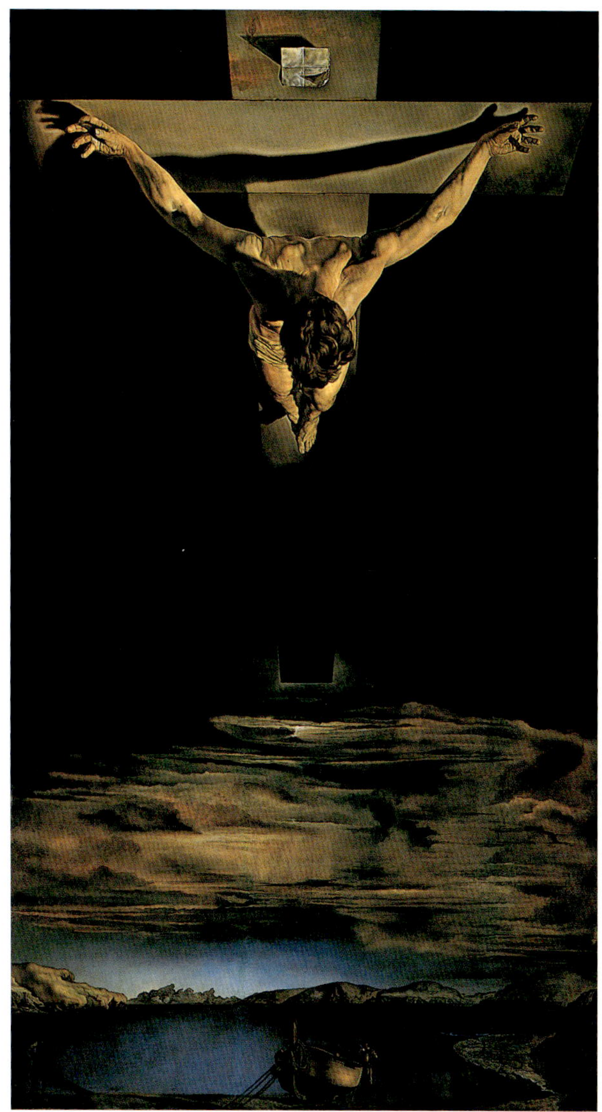

giacomo manzù

relieve en bronce

1951

openluchtmuseum beeldhouwkunst

middelheim, amberes

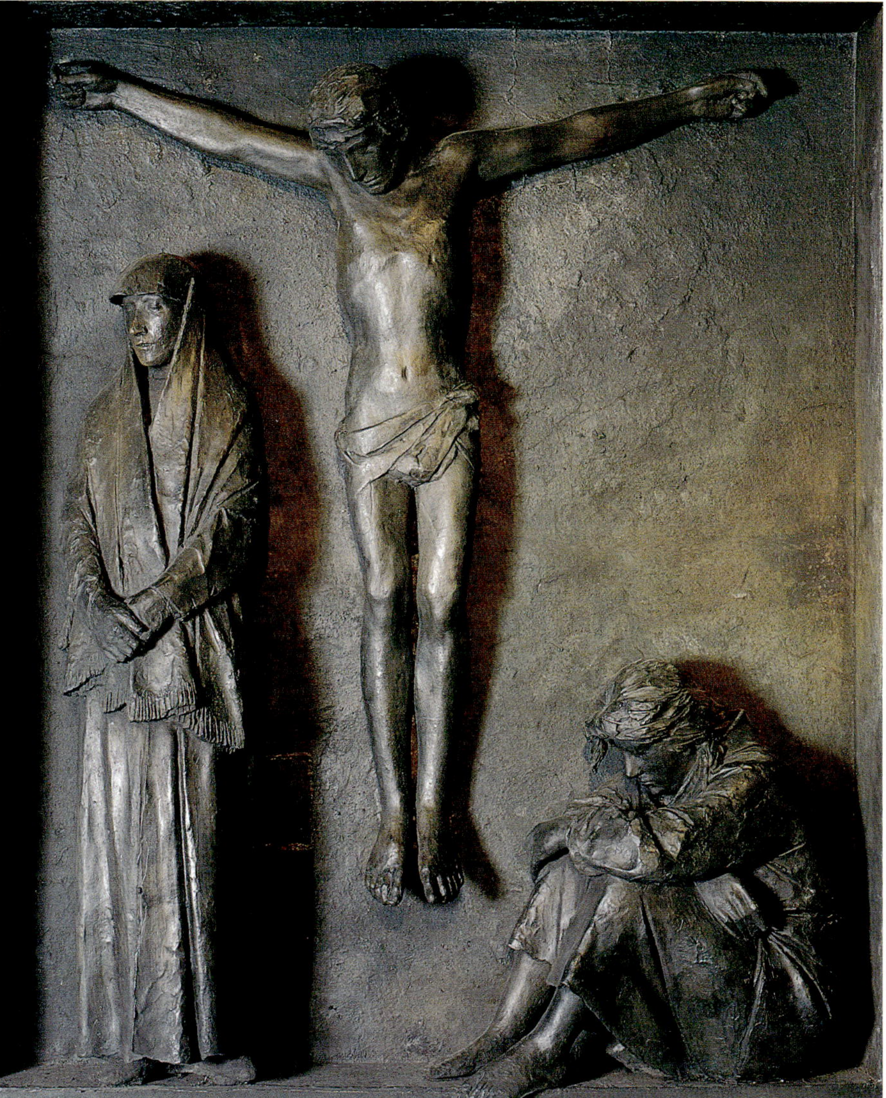

siegfried reinhardt
óleo sobre plancha de madera
1953
whitney museum of american art,
nueva york

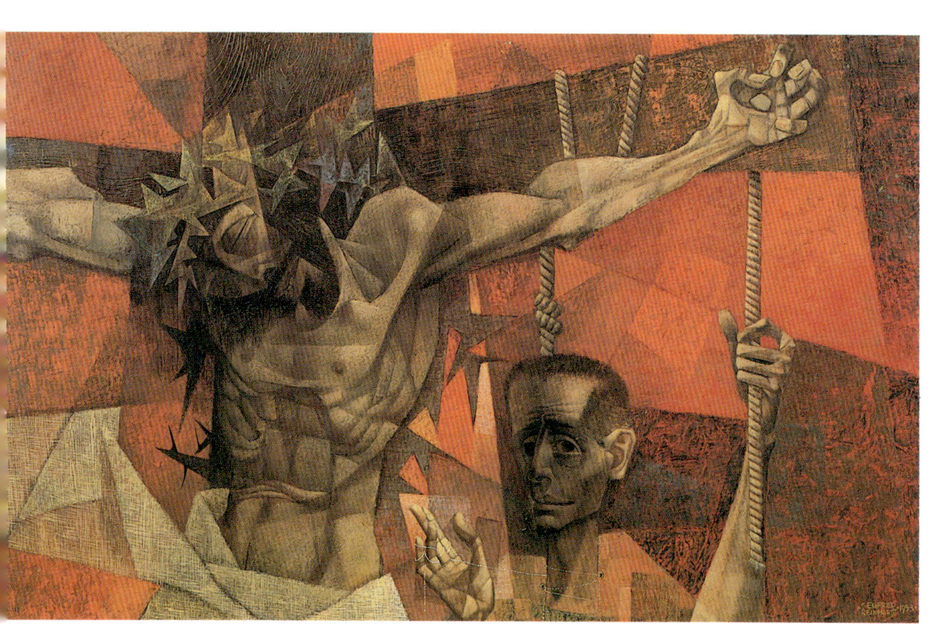

en 1951 dalí escribió: «mi próximo cristo
será la pintura que más belleza y alegría
contenga de todas las que se han realizado
hasta ahora. quiero pintar un crucificado
que sea la antítesis absoluta del cristo
materialista y salvajemente antimístico de
grünewald». y éste fue el resultado.

salvador dalí
óleo sobre lienzo
1954
metropolitan museum of art, nueva york

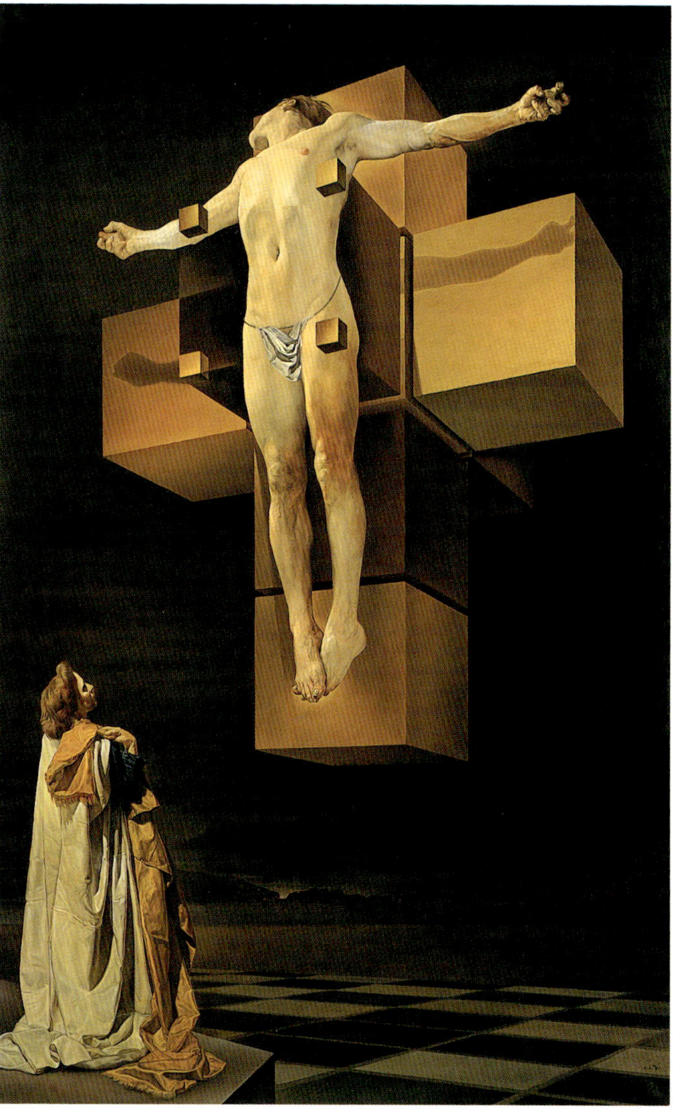

stanley spencer

óleo sobre lienzo

1958

colección particular

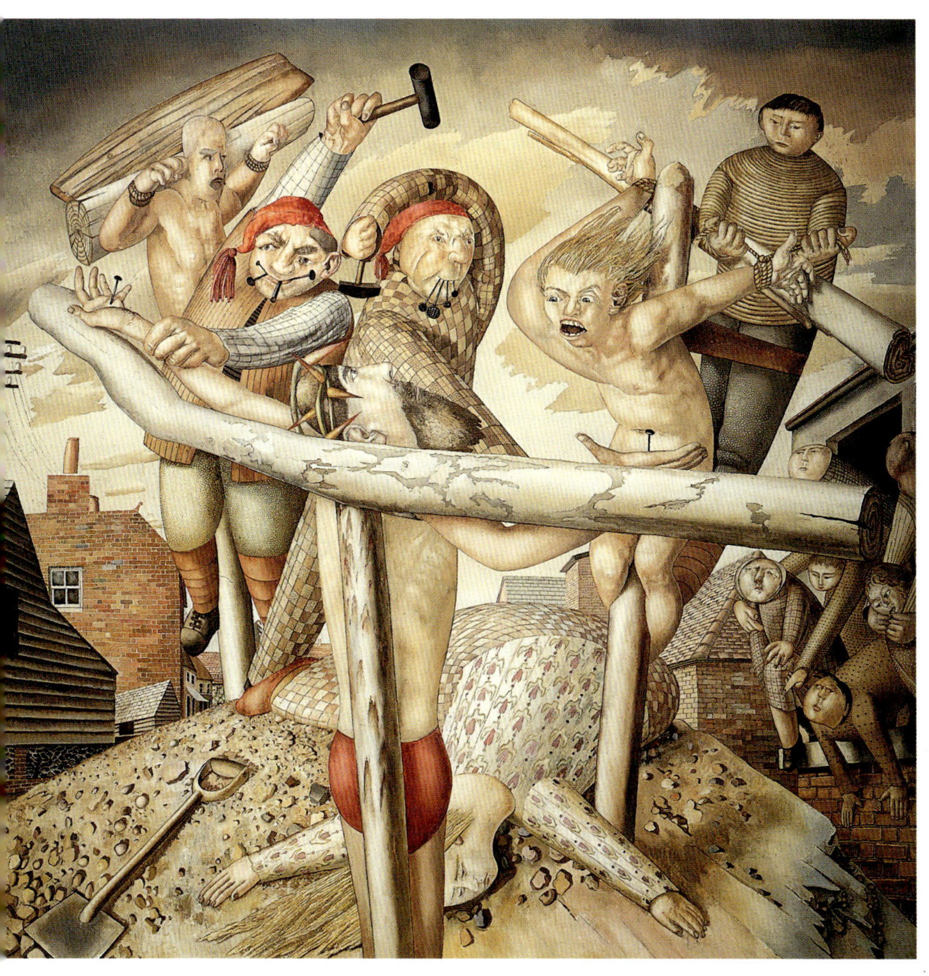

carel weight

óleo sobre plancha de madera

1959

harris museum and art gallery, preston

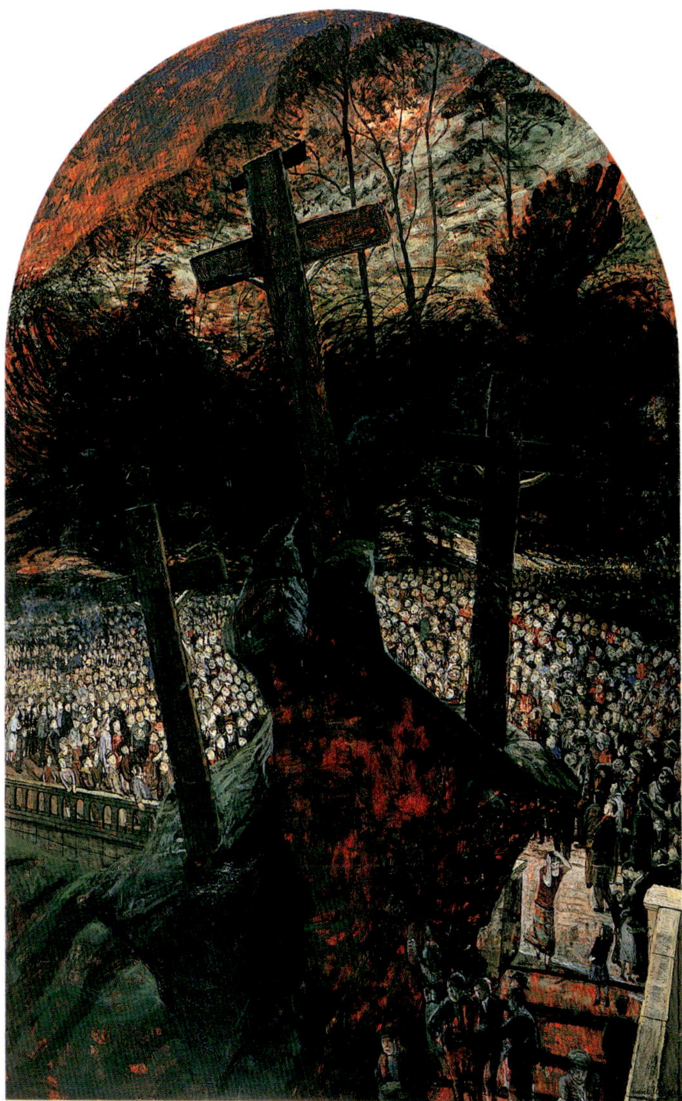

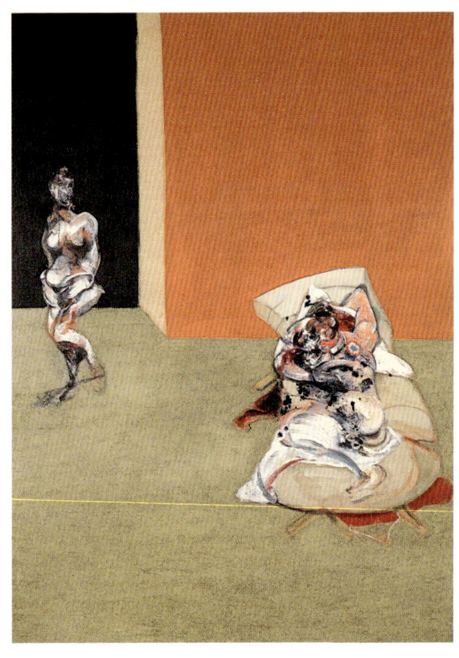

francis bacon

óleo sobre lienzo

1965

staatsgalerie moderner kunst, múnich

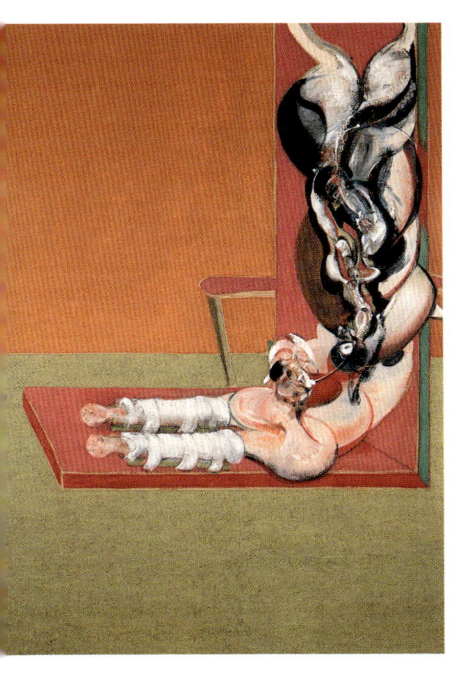
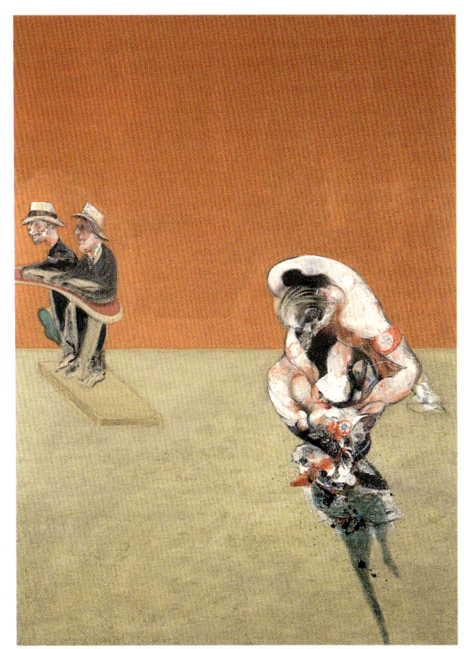

barnett newman

acrílico sobre lienzo

1965

national gallery of art, washington dc

marc chagall

vidriera policroma

1970

fraumünster, zúrich

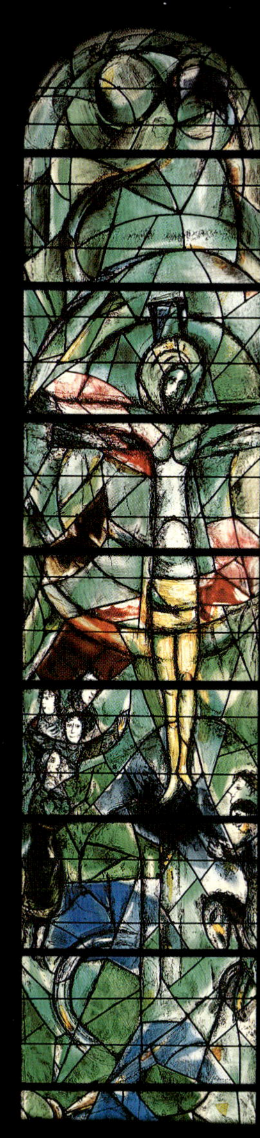

robert mapplethorpe

1988

impresión fotográfica

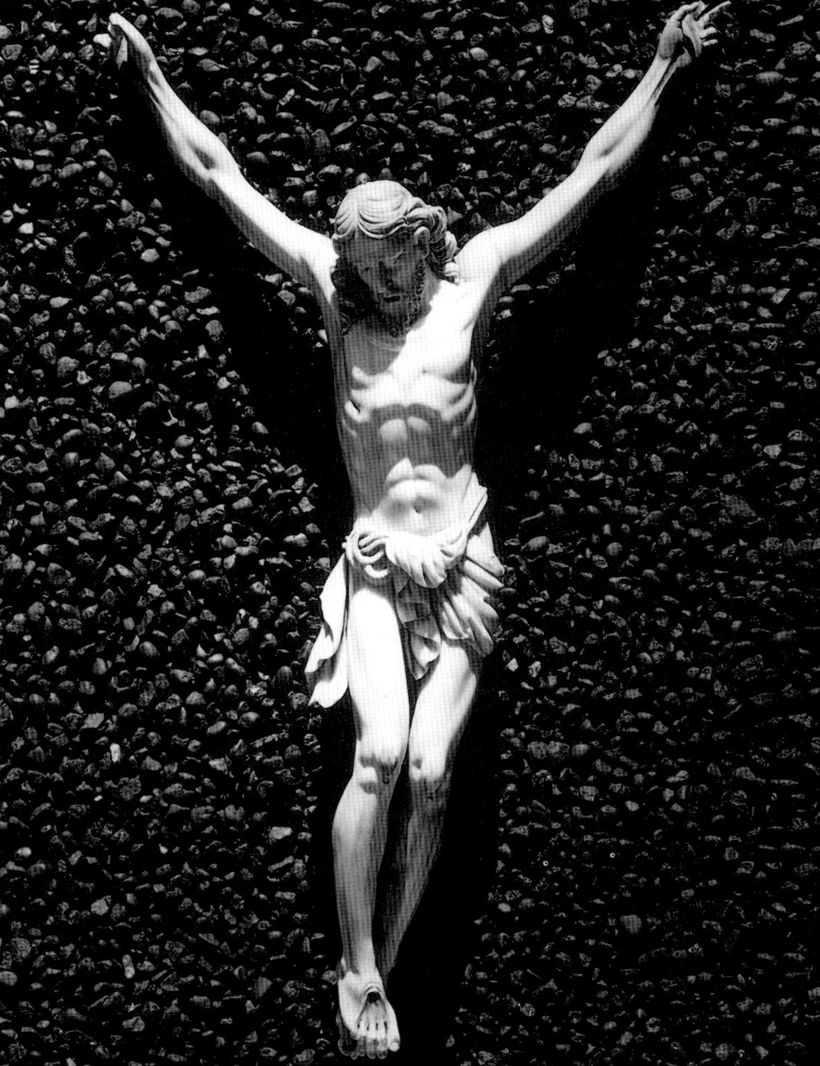

el pequeño perro que aparece en esta
crucifixión y en muchas otras de aitchison
trae a la memoria el salmo 22, cuyas
primeras palabras las dijo jesús en la cruz.
más adelante, el salmo continúa: «los perros
me han rodeado, un grupo de hombres
malvados me ha acosado, han agujereado
mis manos y mis pies [...] se han repartido
entre ellos mis vestiduras y mi túnica la
han echado a suertes».

craigie aitchison
óleo sobre lienzo
1997–1998
colección particular

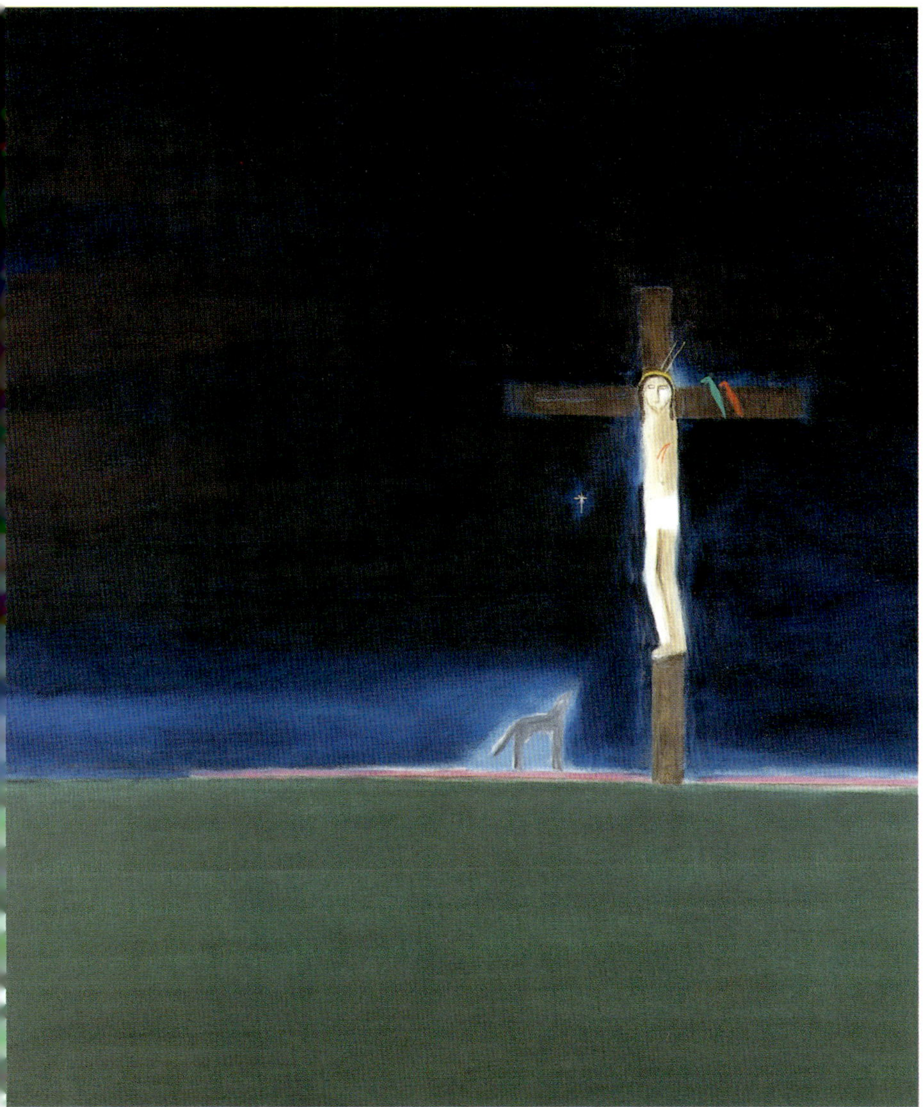

créditos fotográficos

phaidon press limited

regent's wharf

all saints street

london n1 9pa

phaidon press inc

180 varick street

new york, ny 10014

www.phaidon.com

primera edición en español 2005

© 2005 phaidon press limited

isbn 0 7148 9822 8

traducido del inglés por cristina palacios
gasós para equipo de edición s.l., barcelona

diseño de julia hasting

printed in china/impreso en china

la cita de las sagradas escrituras de la
página 3 de esta publicación está tomada
de la versión española de la vulgata, del
padre miguel petisco, s. j. madrid, 1973.
ed. apostolado de la prensa, s. a.